Ritagli

collana diretta da
Massimo Franco

W0274779

GIAMPIERO MASSOLO

con FRANCESCO BECHIS

Realpolitik

Il disordine mondiale e le minacce per l'Italia

SOLFERINO

SOLFERINO

www.solferinolibri.it

© 2024 RCS MediaGroup S.p.A., Milano
Proprietà letteraria riservata

ISBN 978-88-282-1453-3
Prima edizione: maggio 2024

Realizzazione editoriale: Studio editoriale Littera, Rescaldina (MI)

Realpolitik

1

Una bussola

Perché scrivere un capitolo introduttivo a un libro che dovrebbe spiegarsi da solo, attraverso le tante situazioni internazionali che descrive? Per almeno due ragioni. Intanto, per dare al lettore una mappa logica di quello che vi troverà. E poi per proporgli un metodo che, se lo convincerà, potrà continuare ad applicare anche in seguito.

Anzitutto la mappa. Il mondo che descriviamo è privo di governance, alle viste non c'è alcun nuovo ordine. A fronte di minacce vecchie e nuove, è opportuna una rassegna degli attori che si muovono in uno scenario confuso con l'unico obiettivo chiaro di proiettare potenza e massimizzare l'influenza.

Il metodo che useremo è guardare al sistema delle relazioni internazionali quale esso è e non come vorremmo che fosse, e analizzare gli sviluppi attraverso il prisma che lo caratterizza, ossia il confronto tra interessi nazionali. Ne trarremo le conseguenze per noi.

Iniziamo dal fondo.

L'ora delle scelte

L'energia e la sicurezza, purché disponibili e a basso costo. Il gas russo, ma anche le armi americane e la Nato. La solidarietà europea e i commerci. Il mercato unico, ma anche la tecnologia cinese. Con Israele, ma anche con la Palestina.

L'Italia è una Repubblica fondata sul «ma anche». Sono due parole comode, che rassicurano, noi più di altri. Ci piace pensare che una stretta di mano tra Vladimir Putin e George W. Bush sul litorale laziale nel 2002 abbia chiuso la Guerra fredda; che ritrarsi all'ultimo, nel 2003, dal negoziato sull'intesa nucleare con l'Iran, lasciandolo a Germania, Francia e Regno Unito, possa essere una buona idea, metti mai che finisca male e a Washington se la prendano. Che aderire alla Nuova Via della Seta cinese, nel 2019, senza però andare all'incasso e senza firmare un solo vero accordo commerciale, sia una buona ricetta per fare contenti tutti, a Washington come a Pechino. Meglio giocare da soli, lasciandoci tutte le porte aperte.

Sono solo pochi esempi. Vogliamo contare, ma senza assumerci responsabilità. Metterci la faccia quel tanto che basta. Non siamo gli unici, del resto: lo fanno tutti o quasi. Non è con l'Italia che Donald Trump perdeva la pazienza ai summit internazionali, ma con la Germania di Angela Merkel, timoniera indiscussa della diplomazia europea. «Perché mai dovremmo dare altri soldi alla Nato per contenere la Russia, se poi voi europei spendete miliardi di euro in gas russo?» Non aveva tutti i torti: ce ne siamo accorti tardi.

Ma se così fan tutti, allora dov'è il problema? Il problema è che oggi il mondo del «ma anche» non esiste più, ammesso che sia mai esistito, e comunque la caduta del Muro di Berlino e la fine della Guerra fredda hanno complicato le cose.

Stare in un campo o nell'altro, con le squadre ben schierate e le linee tracciate in modo netto, aveva i suoi vantaggi. Molti «ma anche» erano perdonati a chi militava tra i buoni per definizione, per il solo fatto di appartenere all'Alleanza atlantica. Ma quello schema si è sgretolato di colpo, insieme alla breve illusione di un mondo unipolare a guida americana, con l'ambizione dei valori occidentali e del libero mercato presi a modello da tutti i Paesi e a tutte le latitudini. Oggi stenta ad affermarsi un condominio tra Stati Uniti e Cina. Non è alle viste un mondo davvero multipolare, fatto di più centri di potere e d'influenza, ciascuno nel proprio vicinato, sostanzialmente equivalenti tra di loro. Oggi, nell'epoca della frammentazione e dell'incertezza, bisogna navigare in mare aperto, senza rendite di posizione e senza reti di protezione precostituite e gratuite.

Alcuni passaggi della storia recente hanno dato il colpo di grazia alle ambizioni di ritrovare almeno a breve una nuova governance mondiale: la crisi finanziaria ed economica iniziata nel 2008, tradottasi in termini politici nel *my country first* e nei populismi; il sogno revisionista di una Russia che torna a volersi impero, perseguito da Vladimir Putin con le campagne in Georgia e Crimea e poi con l'invasione dell'Ucraina; l'ascesa di Xi Jinping, il presidente a vita cinese che vuole sfidare il primato americano e annettere Taiwan; la disastrosa uscita degli Stati Uniti dall'Afghanistan e il ritiro dallo scacchiere mediorientale dopo vent'anni di guerra. E ancora, la pandemia e i lockdown che hanno spezzato le *supply chains*, mettendo in crisi la globalizzazione.

Il metodo multilaterale non è più visto come il toccasana per risolvere le crisi e i conflitti: le grandi organizzazioni internazionali, dipendenti come sono dalla volontà degli Stati che le compongono, appaiono imbelli. Ci ritroviamo così in un mondo in burrasca, con un sistema internazionale sempre meno governato e sempre più condizionato senza troppi scrupoli dalle politiche di potenza, dal voler influire, dal voler contare. Nel grande gioco non basta più puntare su una sola carta: l'ideologia, l'etica, le armi, i diritti umani. Bisogna saperle usare tutte insieme. Serve allora una bussola: si chiama interesse nazionale.

Burro e cannoni: l'interesse nazionale

Che cos'è l'interesse nazionale? È l'obiettivo che uno Stato non può evitare di perseguire senza creare un danno alla collettività. È un atto di sintesi, una decisione politica per eccellenza che ne definisce i contenuti. Spetta ai governi compierla, e deve tenere conto di tanti fattori, anzitutto la geografia: un Paese risente in primis del contesto geopolitico nel quale è collocato. O ancora la cultura, l'indole dei cittadini, la storia. Ci sono ferite e rancori profondi, retaggio dell'era coloniale, dietro il progressivo ritiro della Francia di Emmanuel Macron dagli Stati africani del Sahel, dal Mali al Burkina Faso al Niger, che ha aperto un varco a golpisti, mercenari, terroristi. Un terzo elemento sono le alleanze nelle quali ci si trova: ci si deve misurare e contemperare con gli interessi nazionali di alleati, competitor e avversari. L'interesse nazionale non è quasi mai frutto di un singolo aspetto o motivazione. Ne contempera una pluralità, e lo si persegue facendo leva su tutti gli strumenti di cui si dispone – il cosiddetto «potere di ricatto» – e scegliendo accortamente i compagni di strada, il «potere di coalizione», a seconda dell'obiettivo da perseguire.

Definire l'interesse nazionale è un atto politico e come tale sindacabile. Da chi? Dai Parlamenti e dagli elettori, nei sistemi democratici. Dalla piazza, nelle autocrazie e nelle dittature. I leader dei Paesi del Golfo – Bahrein, Arabia Saudita, Emirati Arabi Uniti – hanno molto da guadagnare dalla normalizzazione dei rapporti diplomatici con Israele, ma non possono ignorare la piazza, inasprita dai bombardamenti israeliani nella Striscia di Gaza in risposta ai massacri terroristici di Hamas del 7 ottobre 2023. Per tutti, l'interesse nazionale è un *balancing act*, un esercizio di equilibrio: è l'arte di minimizzare i rischi e massimizzare le opportunità. Ecco, leggere tra le righe dell'attuale scenario internazionale, sapersi orientare, significa anzitutto riconoscere che il mondo in cui viviamo è plasmato da un continuo scontro di interessi nazionali, mascherati da tante buone intenzioni. All'Iran degli ayatollah importa ben poco della causa palestinese e assai di più proiettare il più possibile la sua influenza in Medio Oriente attraverso i suoi *proxy*, gli emissari nella regione, e ridurre il campo d'azione dell'Occidente. Il governo iraniano spende milioni di dollari di denaro pubblico con questo obiettivo e lo fa nascondendosi dietro cause «nobili»: i diritti dei palestinesi, l'antiamericanismo, la difesa del Sud globale. A volte la piazza protesta, non si riconosce in questo interesse nazionale e sfida la repressione, il carcere, le impiccagioni. Serve allora un grande bagno di realtà per comprendere le ragioni profonde che muovono le pedine sullo scacchiere internazionale.

Di una bussola ha bisogno più che mai il nostro Paese. Per decenni i governi italiani hanno definito l'interesse nazionale con atti di sintesi complessi e talvolta un po' contorti. E hanno assecondato una tentazione ricorrente della nostra politica estera, quella di collocarsi un po' a est e un po' a ovest, di accarezzare l'inclinazione del Paese a riscuotere guadagni immediati, più che ad assumersi responsabilità e rischi. Finché è durata la Guerra fredda e siamo rimasti di diritto nel campo dei «buoni», lo schema ha funzionato; oggi, come dicevamo, è saltato. Lo scudo degli Stati Uniti e della Nato, per l'Italia e per l'Europa, non è più un assegno in bianco: dobbiamo guadagnarci il nostro ruolo nel mondo, con la disponibilità ad assumere l'onere delle nostre decisioni. E l'evoluzione dell'America verso atteggiamenti isolazionisti e introspettivi – che rischiano di accentuarsi – dovrebbe rappresentare un incentivo ineludibile a intraprendere questa via.

Scegliere il burro evitando per quanto possibile i cannoni, in un mondo dov'è la realpolitik a prevalere, non basta più. Rischia di portarci fuori strada il «teorema» energia/mercati, incarnato da Enrico Mattei e Vittorio Valletta, Eni e Fiat, che dagli anni Cinquanta-Sessanta in poi – in gran parte meritoriamente – ha posto in cima alla nostra agenda diplomatica solo due priorità assolute: da un lato l'approvvigionamento energetico, dall'altro la ricerca di nuovi mercati di sbocco. Senza andare troppo per il sottile, permettendoci di sfidare le major americane e nello stesso tempo di motorizzare il nemico sovietico. C'è ora – e sempre di più, dopo la fine della Guerra fredda e poi dell'unipolarismo americano – un terzo fattore a imporsi nell'equazione: la sicurezza. A lungo ci siamo illusi di poterne fare a meno; o, meglio, l'abbiamo data per scontata, appaltandola per intero agli Stati Uniti e poco collaborando, in definitiva, a rafforzarne le capacità in Europa. Nel disordine che domina la comunità internazionale, il criterio della sicurezza, oggi, si impone su quello della convenienza, come dimostra il prezzo altissimo pagato per aver chiuso i rubinetti del gas russo verso l'Europa: la corsa a diversificare i rifornimenti da altri Paesi, dall'Algeria all'Azerbaigian; il rischio di sostituire una dipendenza con un'altra; una crisi energetica da far tremare i polsi che si è abbattuta sul mercato europeo; i rincari della benzina, un boccone amaro per gli elettori. È stato conveniente? Certamente no. È stata però un'ipoteca sulla sicurezza europea ed è servita a rimediare al grande errore – ma a posteriori è facile e forse ingiusto giudicare – di un'Europa che ha consegnato a Putin la leva delle fonti energetiche del suo sviluppo.

In Italia, negli ultimi anni, la sicurezza è spesso uscita dall'equazione. Sono tante le istantanee che oggi, ancorché appaiano sbiadite, con il senno di poi ci fanno perfino balzare sulla sedia. Le porte aperte agli investimenti cinesi in asset strategici del nostro Stato: reti, industria, finanza, porti e infrastrutture. La rincorsa per entrare nella Nuova Via della Seta. Le colonne militari russe che hanno sfilato a Bergamo per portare «aiuti» al Nord Italia piegato dal Covid, gli stessi carri che solo due anni dopo abbiamo rivisto marciare verso Kiev. Scatti di un Paese che di tanto in tanto torna a pensarsi «terza forza», si convince di essere l'ago della bilancia, mentre regolarmente la realtà si incarica di smentire questa bella illusione. In un mondo di realpolitik, segnato dalla scommessa delle potenze revisioniste russa e cinese, dai tumulti in Medio Oriente, dalla riscossa dei Paesi del Sud globale, la scelta «terzaforzista» è fuori dal tempo e dalla realtà. Vale per l'Italia, vale per i singoli Paesi europei, vale in definitiva per l'Unione europea, almeno finché la dipendenza strategica dagli Stati Uniti sarà ancora così ingente e i singoli elementi costitutivi della sovranità europea resteranno così poco sviluppati.

A imporre una scelta di campo – a riorientare la bussola – si aggiungono le nuove minacce alla sicurezza nazionale. Non scopriamo oggi il tentativo di potenze rivali come la Cina e la Russia di influire sui meccanismi decisionali degli Stati europei e dunque anche sui nostri. Tuttavia, le nuove frontiere della tecnologia, la dimensione digitale e cibernetica, le sconfinate e a tratti inquietanti applicazioni dell'intelligenza artificiale, rendono queste minacce esponenziali e assai più difficili da prevenire. Facilitano il tentativo sistemico degli apparati di sicurezza russo e cinese di acquisire informazioni riservate, d'impossessarsi delle chiavi del progresso tecnologico e industriale degli Stati occidentali, di condizionare i meccanismi decisionali delle loro democrazie.

Non sempre la guardia è rimasta alta, lo sappiamo. Ma il contesto internazionale è cambiato e ci impone oggi di rialzarla. Come? Il primo passo è abbandonare una visione buonista della politica estera, riconoscere per tempo i pericoli. Qualcosa si è mosso, va detto, basti pensare ai progressi nel campo della sicurezza cibernetica, a quanto gli strumenti della nostra intelligence economica si siano fatti più sottili, pervasivi, efficaci, dal rafforzamento di tutele giuridiche come il *golden power* – lo scrutinio dello Stato sugli investimenti esteri – al lavoro degli apparati di sicurezza per sensibilizzare le aziende italiane rispetto ai rischi di ingerenze e attacchi cibernetici di Stati stranieri. Molto si deve ancora fare. La sfida revisionista di Russia e

Cina all'ordine mondiale a guida americana trova infatti nell'Italia uno dei più avvincenti campi di battaglia, perché essa è insieme il crocevia tra l'Europa settentrionale e quella centrorientale e il perno strategico del fianco sud della Nato, Paese chiave nelle geometrie del Mediterraneo.

Se l'obiettivo delle due potenze è simile, le sfide sono diverse. La Cina lavora sul lungo periodo: non vuole destabilizzare l'attuale ordine mondiale, ma sostituirlo con un ordine alternativo di cui si immagina egemone, e quindi utilizza l'intelligence per ridurre più in fretta il gap tecnologico e industriale che la separa dall'Occidente e per proiettarsi in aree geopolitiche dov'era assente (si pensi al Medio Oriente). Alla Russia questa egemonia è e resterà preclusa, sicché Putin non ha interesse a creare un nuovo ordine. La «sua» Russia prospera piuttosto sulla destabilizzazione dell'ordine attuale. Da noi, quest'ambizione dello zar si traduce in una sottile ma pervicace opera di influenza politica, soprattutto nel tentativo costantemente riproposto – e finora fortunatamente fallito – di manovrare i meccanismi del consenso, d'influire sull'opinione pubblica. La promozione di un terzaforzismo che faccia leva sulle crepe e le incongruenze del blocco euro-atlantico viene perseguita nella convinzione che il nostro Paese sia particolarmente permeabile a questi messaggi. In effetti parlano da sé i sondaggi sulla guerra in Ucraina: se la stanchezza dell'Occidente per il sostegno alla resistenza di Kiev si fa sentire ovunque, è da noi che per prima ha fatto breccia. E con essa si incunea con più facilità la propaganda russa: corre nella bolla social, rimbalza sul web e i media, trova posto nei salotti dei talk show. L'Italia non è dunque un campo neutrale nello scontro di interessi e ambizioni che vede contrapposti l'Occidente e i suoi rivali.

Gli attori e il campo di gioco

Ecco allora che il quadro prende forma, nelle fosche tinte delle minacce plurime alla sicurezza nazionale e di un ordine internazionale sempre più in subbuglio, dominato dallo scontro tra le superpotenze americana e cinese e dal rischio di un conflitto globale per il controllo di Taiwan. Segnato altresì dalle mire di «guastafeste», per nulla disposti a restare spettatori: Putin, gli ayatollah iraniani, Kim Jong-un, primi tra tutti. Popolato da attori non statali, dalle Big Tech che si sostituiscono agli

Stati nel dominio tecnologico, al terrorismo islamico risorgente, agli hacker che distruggono le reti. Marcato dalle connessioni invisibili della geografia funzionale teorizzata dall'analista indo-americano Parag Khanna, fatte di cavi di telecomunicazioni, reti energetiche, infrastrutture, linee di approvvigionamento, stretti e canali marittimi (le giugulari del mondo), preziosi in tempo di pace, ma facilmente trasformabili in strumenti di ricatto. Infine, alle prese con una transizione energetica che rischia di acuire le disuguaglianze senza davvero attenuare il cambiamento climatico. In definitiva, cresce l'amara consapevolezza che i conflitti e le crisi al giorno d'oggi, per quanto pericolosi ed esistenziali, possono al più essere mitigati, ma non risolti. Un quadro che rischia di complicarsi, per noi e per l'Europa, nella prospettiva della possibile rielezione di Donald Trump alla presidenza degli Stati Uniti. Il tycoon non nasconde il suo unilateralismo: faccio a meno delle alleanze e tratto con tutti in bilaterale, per il valore aggiunto che me ne può derivare. Potrebbe rivelarsi per lui un'illusione, ma noi ci troveremmo comunque a doverne tenere conto.

Serve considerare con realismo la politica internazionale, per muoversi in questo caos, e con realismo definire il proprio interesse nazionale, partendo da una collocazione chiara. Per l'Italia la scelta occidentale non ha alternative: siamo con l'Europa, con gli Stati Uniti, con la Nato. L'ambiguità ha un prezzo troppo alto. Attenzione, fare questa scelta di fondo non significa rifiutarsi di cooperare con gli altri: non abbiamo bisogno, e per fortuna il rischio è remoto, di quello «scontro tra civiltà» preconizzato quasi trent'anni fa dal politologo Samuel Huntington. Ben vengano gli scambi commerciali con la Cina, le interlocuzioni con il Sud del mondo, restino aperti i canali con chi milita in campi avversi, purché non si confondano i piani e sia chiaro il punto di fondo della nostra appartenenza. Con gli alleati si può essere in disaccordo su singole questioni, ma si condividono i valori fondamentali; con i competitor si possono condividere singole iniziative e opportunità, ma i principi restano diversi. È un solco, questo, che le nuove frontiere dell'innovazione tecnologica rischiano di scavare in profondità: si possono scrivere a tavolino le regole per governare la rivoluzione dell'intelligenza artificiale – che per definizione necessiterebbero di un consenso globale – con chi già oggi la usa per il riconoscimento facciale degli oppositori politici? Non è una domanda banale.

Scegliere il campo, distinguere la sicurezza dalla convenienza, alzare la guardia contro le minacce. Ecco i presupposti per promuovere e difendere il proprio interesse nazionale in un mondo sospeso e turbolento, segnato dal ritorno alla *great power competition*, la competizione tra grandi potenze.

2

Le minacce: da cosa ci difendiamo

Che cos'è in sostanza la sicurezza nazionale? Allo stesso tempo, tre cose: l'interesse primario di ogni nazione a vivere e prosperare al riparo dalle minacce, la premessa inevitabile per perseguire ogni altro scopo da parte dei governi, un sistema articolato e coordinato di enti e agenzie che interagiscono tra di loro.

Ci eravamo abituati – come persone e come Stati – a dare per scontato che le minacce fossero soprattutto fisiche e che bastasse un buon corpo di poliziotti e militari a difenderci. Ci siamo ritrovati a dover fare i conti – in aggiunta – con uno sciame di pericoli immateriali, collegati al nostro stesso, nuovo modo di esistere nel mondo interconnesso del web, che aumenta esponenzialmente la superficie della nostra vulnerabilità e rende incerta perfino l'origine degli attacchi. Se le minacce si moltiplicano e si sovrappongono, ecco che il paradigma della sicurezza deve mutare ed evolversi.

Due i punti da tenere a mente. Intanto, che la sicurezza assoluta non esiste: le maglie del sistema vanno strette il più possibile, nella consapevolezza tuttavia che sempre di maglie si tratta. I muri impenetrabili, con l'attuale livello delle tecnologie e i conflitti asimmetrici, non esistono; i rischi possono essere attenuati, ma non eliminati.

In secondo luogo, non dobbiamo dimenticare che mai come oggi anche noi in quanto individui siamo parte del sistema della sicurezza nazionale. Non esiste un unico *provider* statale, un moloch della sicurezza. In un contesto in cui per forza di cose i governi – ai quali spetta comunque al riguardo un ruolo prioritario – non sono più in grado di provvedere da soli, il sistema non può che essere diffuso, decentrato e composito, e deve poggiare su organismi statali, aziende, gestori di infrastrutture, centri di ricerca, cittadini. Tutti fanno parte, con i loro comportamenti responsabili, di un insieme unitario di sicurezza partecipata e collettiva, una vera e propria architettura nazionale, in perenne evoluzione e che ingloba soggetti sempre diversi.

La condizione che rende viabile questo sistema è duplice: un rapporto di assoluta fiducia tra il livello politico dei governi e quello operativo degli apparati; una relazione trasparente e aperta tra gli organismi di sicurezza e la società civile. Non sempre accade.

Buio a Tel Aviv

Tel Aviv, 7 ottobre 2023, tre del mattino. I vertici dello Shin Bet, l'agenzia dei servizi segreti interni israeliani, osservano corrucciati i monitor nel quartier generale. Radar e telecamere registrano un viavai dei miliziani di Hamas nella Striscia di Gaza. Insolito, per essere notte fonda. Auto e camion che partono all'impazzata, uomini armati in moto, ruspe che si avvicinano al confine. Sarà un'esercitazione militare, pensano in un primo momento. Ce ne sono state altre, negli ultimi mesi. Il capo dello Shin Bet, Ronen Bar, si consulta con i suoi ufficiali. I minuti passano e i movimenti sui monitor si fanno più frenetici. Forse non è un'esercitazione, forse sono i preparativi di un assalto. Benjamin Netanyahu, che dorme nella sua residenza, viene svegliato e informato solo al sopraggiungere dell'alba, quando ormai è tardi: centinaia di uomini armati hanno varcato la frontiera. Sotto i colpi dei bulldozer il muro di cemento e filo spinato, che per chilometri separa Israele dalla Striscia, ha ceduto come burro. I terroristi sparano all'impazzata sui civili che incontrano. Nel giro di un paio d'ore, mentre il massacro di Hamas nei kibbutz è già in corso, l'unità Tequila, il team d'élite dell'antiterrorismo israeliano, si ritrova intrappolata in una battaglia impari con l'unità Nukhba, la squadra del terrore dei jihadisti palestinesi. Il resto ormai è storia.

Partiamo dalla notte del 7 ottobre, dalle ore di caos in cui sono piombati i più famosi servizi segreti del pianeta, perché in quella sequenza notturna – e negli errori commessi nei mesi precedenti – c'è una chiave per leggere il nuovo paradigma della sicurezza nazionale. Ci avvaliamo di quella tragica sequenza di eventi per capire quali regole sono cambiate e quali invece restano immutate, mentre l'ordine internazionale sembra scivolare nell'anarchia e gli scenari di crisi si moltiplicano. Arriverà il momento per Israele di fare i conti con la più grave falla nella sicurezza che il Medio Oriente – e forse non solo – ricordi in tempi recenti. Sarà un processo doloroso per l'opinione pubblica e l'establishment israeliani, a guerra finita. Qualche lezione però si può già trarre.

Abbiamo pensato per anni che il progresso tecnologico avesse trasformato una volta per tutte le minacce, rendendole sempre più immateriali e intangibili. I nemici di oggi e di domani ritenevamo fossero gli attacchi hacker e le operazioni ostili sui mercati finanziari, la penetrazione degli asset strategici, l'intelligenza artificiale per alterare l'informazione, le armi di ultima generazione. Addio alle guerre combattute a terra, allo scontro corpo a corpo, alle trincee: retaggi del Novecento, un passato che almeno l'Occidente – ci si era illusi – avrebbe potuto rimuovere.

Poi, poche migliaia di talebani armati di kalashnikov hanno messo in fuga le forze armate dell'Afghanistan, addestrate dagli americani e rifornite di elicotteri, missili e armamenti di ultima generazione. Vladimir Putin ha invaso l'Ucraina con carri armati e obici di fabbricazione sovietica, scatenando una lunga, dolorosa guerra di trincea. Un gruppo di jihadisti è riuscito a fare breccia in Israele, uno degli Stati più militarizzati e difesi del mondo, e a prendere in contropiede il Mossad, il servizio esterno israeliano. Ossia nientemeno che l'agenzia di 007 entrata nel mito con la caccia agli attentatori delle Olimpiadi di Monaco del 1972 tramite l'operazione «Ira di Dio», che ha portato all'assassinio mirato, su un arco di vent'anni, degli attentatori e dei loro complici in Europa e in Medio Oriente.

Che sta succedendo? Tante certezze si sciolgono come neve al sole. La comunità internazionale e il mondo come lo conosciamo sono scossi da minacce alla sicurezza che forse non abbiamo ancora compreso fino in fondo. Nuove e vecchie allo stesso tempo: ibride. Lo abbiamo scoperto quel 7 ottobre, alle tre del mattino.

«Un muro di acciaio.» Così, nel 2021 – solo due anni prima –, Benny Gantz, allora ministro della Difesa israeliano, aveva presentato la nuova barriera divisoria al confine. Di qua Israele, di là Gaza. È costato un miliardo di dollari il rifacimento di quel muro, trasformato in un impenetrabile vallo di sicurezza, dotato di tecnologie all'avanguardia. Mitragliatrici a controllo remoto, sensori, radar, una muraglia di cemento sotterranea per impedire ad Hamas di scavare tunnel. E invece non era così: alle prime luci del mattino del 7 ottobre, i terroristi di Hamas mettono fuori uso buona parte delle meraviglie tecnologiche del «muro di acciaio». Colpiscono con esplosivi le mitragliatrici e le torri di controllo, abbattono le telecamere israeliane sui palloni aerostatici che sorvolano la frontiera. Non scavano tunnel come hanno fatto per anni nel sottosuolo di Gaza: si avventurano invece oltre il muro con i deltaplani, coperti dal lancio di razzi alle loro spalle per distrarre le difese nemiche. Insomma, una combinazione di mezzi tutto sommato tradizionali, solo impiegati in modo massivo e coordinato, sofisticato e asimmetrico al tempo stesso.

Com'è possibile che sia bastato questo per spiazzare gli apparati di Tel Aviv? Non è possibile, infatti. Una lunga concatenazione di errori e incidenti ha offuscato la vista all'intelligence israeliana. Quando un aereo precipita, dietro alla disgrazia possono celarsi una o più ragioni concomitanti: lo sportello che si è aperto, la pressurizzazione della cabina venuta meno, un radar impazzito, un errore del pilota. Lo stesso è successo in quelle ore di buio a Tel Aviv. Lo dicevamo: non esiste un sistema di sicurezza infallibile, la saracinesca di ferro che si abbassa e diventa impenetrabile agli attacchi esterni. Fuori dalle serie tv, nella vita reale, non c'è un solo sistema di intelligence che sia perfetto, capace di prevenire e sminare qualsiasi minaccia. Neanche il Mossad e lo Shin Bet. Israele sapeva dei piani di Hamas? Difficile capire fino a che punto. Sappiamo, grazie a decine di inchieste internazionali, che le avvisaglie non erano mancate, che alcuni rapporti sulle esercitazioni dei guerriglieri oltreconfine erano stati consegnati per tempo al vertice politico, che allarmi erano risuonati da apparati di sicurezza stranieri: l'Egitto lo ha affermato esplicitamente all'indomani dell'attacco.

Ma le informazioni da sole non bastano, bisogna saperle leggere, interpretare. Quando due aerei dirottati da terroristi jihadisti hanno disintegrato le Torri gemelle l'11 settembre 2001, l'America e il mondo sono rimasti sotto shock. Nessuno credeva che il terrorista Osama bin Laden – una singola persona – avrebbe davvero dichiarato guerra agli Stati Uniti, la superpotenza del pianeta. Eppure, non erano mancate segnalazioni su un gruppo di cittadini arabi che da qualche parte negli Usa si stavano addestrando a volare, senza curarsi troppo di imparare ad atterrare. Addirittura, un mese prima, in pieno agosto, era finito sulla scrivania del presidente George Bush un briefing di intelligence dal titolo inequivocabile: «Bin Laden determinato a colpire negli Stati Uniti».

Israele ha letto in tempo i segnali premonitori dell'attacco? Evidentemente, solo in parte. Come hanno ricostruito il «Washington Post» e il «New

York Times», ricorrendo a dati da fonti aperte, tracce dell'operazione «Diluvio Al-Aqsa», che nell'ottobre del 2023 ha incendiato il Medio Oriente, erano già visibili mesi prima dell'invasione: dalle mappe satellitari che fotografavano campi di addestramento di Hamas sempre più larghi e attrezzati, ai video delle simulazioni, postati dai miliziani dell'organizzazione terroristica sui social network, ritratti mentre fanno irruzione in compound montati ad arte in mezzo al deserto, come macabri set cinematografici. E ancora, le conversazioni intercettate sulle radio e sui walkie-talkie dei jihadisti nei giorni precedenti al massacro.

Insomma, un misto ibrido di tradizione e di innovazione, di comunicazione e di disinformazione, di tecnologia e di fattore umano.

Tuttavia, la miopia degli apparati di fronte all'asimmetria dell'attacco non basta a spiegare del tutto perché il tremendo atto terroristico sia riuscito nell'intento.

C'è stato un altro cortocircuito. Qualcosa di cui abbiamo parlato nella premessa a questo capitolo: una crisi di fiducia tra politica e intelligence, tra decisori ed esecutori operativi. Il progetto del governo israeliano di ridurre l'indipendenza del sistema giudiziario aveva già portato in piazza molte persone:

non manifestanti qualunque, ma anche molti esponenti della *ruling class* amministrativa, vera ossatura dello Stato, sconcertati da questi sviluppi. È poi opinione diffusa tra gli analisti che alcune scelte strategiche del governo Netanyahu abbiano provocato un ulteriore scollamento, contribuendo a spianare il terreno ad Hamas. Su tutte, la decisione di concentrare il grosso delle forze militari sul fianco nord-est, nella Cisgiordania infiammata dalla politica dei *settlements*, la progressiva sottrazione di territorio palestinese conseguente agli insediamenti israeliani, incoraggiati dalle componenti ultraortodosse e oltranziste del governo. Il fianco di Gaza era rimasto, dunque, sguarnito e ostaggio della demotivazione, sorretto solo dalla speranza che il «muro di acciaio» al confine, insieme agli «ammortizzatori sociali», garantiti ai palestinesi della Striscia tramite i finanziamenti provenienti dal Qatar – che lo stesso Netanyahu sollecitava –, sarebbero bastati a rimandare l'escalation. Una successione di scelte che ha aperto fratture e innescato una progressiva erosione di fiducia. O, meglio, un cortocircuito come quello del 7 ottobre, che raffigura perfettamente cosa succede quando la sicurezza nazionale vacilla. Senza sicurezza, uno Stato non può più difendere il suo interesse nazionale. Se la casa è in fiamme, non si possono salvare i preziosi in cassaforte. Con il massacro nei kibbutz, Hamas – e tramite Hamas il suo principale sponsor, l'Iran – hanno provato a colpire il principale interesse nazionale di Israele: quello a sentirsi sicuro nei propri confini. E poi, gli accordi di Abramo, la normalizzazione diplomatica con i Paesi del Golfo, la costruzione di un'architettura di sicurezza regionale di stampo occidentale che isoli sempre di più gli ayatollah iraniani. L'obiettivo, in realtà, non è stato raggiunto, come vedremo meglio nei capitoli successivi.

Le sfide per l'intelligence

Un fallimento e al tempo stesso una lezione. L'assalto di Hamas e quel che n'è seguito segnano un prima e un dopo. Il duello tra la tecnologia israeliana e i miliziani guidati da Yahya Sinwar, tra i raid aerei e i droni inviati sulla Striscia da Netanyahu e i guerriglieri asserragliati nei tunnel, dà un'immagine plastica della nuova frontiera della sicurezza nazionale, in cui convivono minacce materiali e immateriali e dove, in presenza di un progresso tecnologico che spesso vanifica ogni forma di deterrenza, non possiamo permetterci di considerare obsoleta alcuna forma di rischio.

Ovunque si volga lo sguardo, fra i tanti scenari di crisi che fanno tremare l'ordine internazionale, vediamo queste sfide compenetrarsi. Nel Mar Rosso, i ribelli Houthi prendono di mira il traffico navale, alterando le rotte dei commerci. In Ucraina, due eserciti si consumano in una guerra di posizione, sparandosi a poche centinaia di metri tra di loro, mentre è in corso una guerra moderna, fatta di droni e attacchi cibernetici, di impulsi elettronici e disinformazione. E che dire delle tensioni a Taiwan, l'isola che la Cina vuole riannettere con una doppia tenaglia? La minaccia militare, attraverso le navi e la marina, si mescola all'embargo economico, alle interferenze politiche, allo spionaggio.

Questo mix di minacce è la cifra caratteristica delle crisi e delle guerre che oggi affliggono il mondo e rende assai più complesso il lavoro di chi deve difendersi. Tutto può diventare un'arma, se c'è chi la sa impugnare: in inglese, si chiama *weaponization*. Prendiamo l'immigrazione. Può suonare cinico parlare di migranti – in gran parte vittime ignare di traffici illegali e spietati aguzzini – alla stregua di un'arma, eppure si moltiplicano i casi di chi usa l'immigrazione come una pistola puntata contro gli avversari. Lo ha fatto il dittatore bielorusso Alexander Lukashenko nell'estate del 2021, quando ha riversato migliaia di migranti afghani, siriani, iracheni e di altri Paesi al confine est della Nato: Lituania, Lettonia, Polonia. Un'ondata per fiaccare i governi dell'Europa orientale, sobillare il malcontento delle opinioni pubbliche e in definitiva indebolire il fianco dell'Alleanza atlantica nei mesi in cui il suo sodale Putin preparava le manovre militari per invadere l'Ucraina. La stessa cosa accade di continuo lungo le rotte dei traffici umani che dal Sahel risalgono fino al Mediterraneo, con la complice indifferenza, o più spesso il contributo attivo, delle milizie di mercenari russi che controllano gli snodi delle carovane e sanno bene che, così facendo, mettono in crisi il sistema di accoglienza europeo.

Lo stesso si può dire di tanti altri fenomeni solo a prima vista inoffensivi: la penetrazione – magari legittima sul piano giuridico, ma assai pericolosa e inopportuna – nella proprietà e nella gestione delle aziende di un Paese; la compravendita speculativa di titoli di Stato sui mercati; il condizionamento delle forniture di tecnologie che provocano il ricatto della dipendenza; le manovre di una grande multinazionale, tanto potente e ramificata da riuscire a imporsi sulla volontà di uno Stato sovrano.

Il confine è sempre più sottile, così come sempre più labile è oggi la linea che separa le minacce fisiche da quelle cibernetiche, con le prime che tornano a sovrapporsi alle seconde, il vecchio al nuovo. È il paradosso che ritroviamo nell'attacco di Hamas, dove i mitra e i coltelli hanno avuto la meglio sui radar e sui satelliti. Così in mille altri scenari, quotidianamente, di pari passo all'evoluzione della guerra digitale, assistiamo al ritorno della minaccia fisica. Una riscossa della geografia, del *limes*, dei confini, delle armi convenzionali, che non si annullano, ma coesistono con i nuovi strumenti della guerra.

Convivono, queste minacce, perfino nel dominio cibernetico, dove ci aspetteremmo di trovare solo protagonisti digitali, avulsi dalla realtà fisica. Non è così: minacce digitali, conseguenze molto reali. Gli attacchi cibernetici non servono più solo a sottrarre denaro, rubare informazioni, mettere fuori uso un software, ma possono uccidere persone in carne e ossa. Gli addetti ai lavori hanno coniato un nome: *killware*, il virus che uccide.

Febbraio 2021, Florida. Sono le otto del mattino e un dipendente di un impianto di trattamento dell'acqua a Oldsmar, paesino di quindicimila anime sul mare, nota qualcosa di strano: il cursore del mouse si muove su e giù sullo schermo, da solo. Forse è soltanto un bug, un intoppo del sistema, pensa. Due ore dopo il mouse riprende a muoversi: qualcosa non va, la freccia rotea impazzita sullo schermo. Poi si ferma. L'ignoto intruso inizia a modificare i parametri dell'idrossido di sodio contenuto nell'acqua dell'impianto. In piccolissime quantità serve a regolare il livello di ph – l'acidità – dell'acqua potabile. Se però si eccede, può avvelenare e corrodere la pelle. Il cursore clicca all'impazzata e inizia ad alzare il livello della sostanza nell'acqua potabile che scorre nelle case della piccola Oldsmar. Di dieci, cento volte. Fortunatamente, il dipendente dell'impianto ha i nervi saldi e riesce a chiamare i soccorsi per fermare in tempo l'intrusione. Ancora poche ore e i cittadini di Oldsmar sarebbero rimasti avvelenati lavandosi i denti o sciacquandosi il viso.

È un esempio fra tanti di come la minaccia cyber sia ormai pervasiva a tal punto da riuscire a valicare i confini del dominio cibernetico. E, infatti, sempre di più nel mirino degli hacker finiscono le infrastrutture pubbliche da cui dipende la vita dei cittadini: ospedali, centrali elettriche, nodi di erogazione di servizi. Sono questi, per esempio, gli obiettivi di una «guerra nella guerra» fra hacker ucraini e russi, combattuta fin dai primi giorni dell'invasione nelle retrovie, spesso ignorata dal circuito mediatico.

Anche un attacco hacker apparentemente innocuo, se non viene approntata per tempo una deterrenza attiva e continua, può fare danni incalcolabili. Lo sa bene chi, fra gli addetti ai lavori, deve sventare gli attacchi mirati a interrompere la funzionalità di un server. Ddos: *distributed denial of service*. Un vero incubo per aziende e governi di mezzo mondo. Gli hacker riversano su un sito web una valanga di dati, finché il sito non crolla sotto il loro peso e viene oscurato. Detta così sembra una cosa di poco conto, ma è vero il contrario. Se il sito resta in piedi si deve a una battaglia dietro le quinte fra hacker e apparati di sicurezza che può durare intere giornate, senza soste. Da quando è iniziata la guerra in Ucraina, l'Italia è finita nel mirino di decine di collettivi hacker russi che hanno attaccato siti istituzionali con operazioni Ddos: ministeri, comuni, aziende partecipate, ospedali. Una punizione per aver inviato armi e munizioni a Kiev insieme agli altri partner europei. Talvolta questi attacchi hanno dato vita a lunghe ed estenuanti battaglie cyber tra hacker «buoni» e «cattivi». Come nel maggio del 2022, quando il collettivo russo Killnet ha cercato di far saltare i server di decine di siti istituzionali italiani, scontrandosi per dieci interminabili ore con i tecnici dell'Agenzia per la cybersicurezza nazionale, per poi desistere dall'intento, con tanto di complimenti online alle capacità di difesa del team italiano e addirittura con una sfrontata esortazione alle nostre autorità ad «aumentare gli stipendi» a chi si era districato così bene.

Non a caso la dimensione cibernetica è ormai parte integrante dei documenti strategici dell'Alleanza atlantica e dell'Unione europea. Il cyber, la nuova frontiera dei conflitti, il nuovo terreno di scontro, muta alla radice i concetti tradizionali della dottrina militare, dando origine a veri e propri dilemmi strategici. A partire dalla stessa attribuzione di un attacco. L'immaterialità, che dello spazio cibernetico è la caratteristica essenziale, rende molto difficile determinare autori e provenienza di un'azione ostile. Spesso poi gli hacker si nascondono dietro nomi o sigle non riconducibili a un Paese in particolare. Assumono le sembianze di gruppi indipendenti più o meno organizzati. Questo spiega perché nel dominio cyber entri in crisi il concetto stesso di deterrenza: se non si sa da dove viene la minaccia, è difficile prevenirla e dissuadere l'aggressore facendogli credibilmente balenare una risposta equivalente. E in materia di ritorsione c'è un'ulteriore complicazione, dato che per i Paesi occidentali il dilemma strategico riguarda anche l'etica e il diritto. Fin dove può spingersi legittimamente la risposta ad attacchi la cui origine è spesso indimostrabile? Per non parlare di un possibile attacco preventivo, a freddo, pur a scopi difensivi. E il concetto stesso di ingerenza, legato a quello di ritorsione, non muta forse, in questo contesto, il suo significato tradizionale?

Prevenire è meglio che curare, recita l'adagio. Non c'è dubbio. Ma nel campo cibernetico è maledettamente difficile, anzitutto perché la tecnologia evolve a ritmi vertiginosi. Occorre, dunque, essere consapevoli che lo sviluppo tecnologico è oggi più che mai un fattore abilitante della sovranità degli Stati nel XXI secolo. Restare indietro non è possibile, sarebbe un danno all'interesse nazionale e un vulnus in termini di sicurezza. Vi è poi un problema di governance. Come può essere governato uno spazio che, per definizione, è refrattario alle regole? Come regolamentarlo, tenendo il passo di progressi rapidissimi? E anche se ci si provasse, come potrebbero gli Stati democratici gestire le inevitabili asimmetrie rispetto alla disinvoltura delle autocrazie, refrattarie ai vincoli internazionali? E ancora, gli Stati sono davvero in grado di provvedere in materia, oppure dobbiamo rassegnarci all'idea che sono le Big Tech a essere sovrane nello spazio digitale?

Le domande superano di gran lunga la nostra capacità di risposta, almeno per ora. Né, d'altronde, sarebbe di grande utilità affidarci per le soluzioni all'intelligenza artificiale, che è invece un elefante sempre più grande nella stanza dello spazio cibernetico. L'IA rischia di essere più che altro un acceleratore e un moltiplicatore, sempre più imprevedibile, di queste problematiche, tanto nei processi quanto negli strumenti (basti pensare ai sistemi di armamento). Di nuovo, opportunità e sfide. Le minacce si saldano e si rafforzano reciprocamente, fanno correre il rischio di una rapida escalation dal livello immateriale del cyber a quello fin troppo tangibile del nucleare.

Il Medio Oriente in fiamme, la guerra di logoramento in Ucraina, l'escalation fra Cina e Stati Uniti a Taiwan. Il caos in cui rischia di sprofondare l'ordine internazionale va, dunque, di pari passo con un'evoluzione continua delle minacce che obbliga gli apparati di sicurezza ad attrezzarsi. Non è scontato, come purtroppo ha dimostrato Hamas il 7 ottobre, che si capisca in tempo la natura e la provenienza del pericolo. Sarebbe facile e forse comodo immaginare che dietro ogni minaccia si celi un solo attore che manovra e decide in autonomia. Soros, Big Pharma, l'«omino della Cia», solo per citare i riferimenti più frequenti del popolo complottista sul web. La realtà è assai più complessa. Quasi sempre, come abbiamo visto, le minacce non hanno un volto e un nome immediatamente riconoscibili. Sono nebulose, difficili da prevedere e contenere. L'innovazione accelera questo fenomeno. Microchip, intelligenza artificiale, *quantum computing*: di anno in anno si amplia il ventaglio delle tecnologie emergenti *dual use*. Sono strumenti per cambiare la società e rivoluzionare l'economia, i processi industriali; al tempo stesso, sono in grado di ampliare in modo esponenziale la superficie della minaccia, di decidere l'esito di una guerra, un attacco terroristico, un'operazione di spionaggio fra Stati in competizione. È una rivoluzione diversa da come l'avevamo immaginata, perché le meraviglie della tecnologia odierna non hanno sostituito i vecchi metodi, li hanno semmai adattati a nuovi scenari. È necessario un approccio olistico. Per chi attacca e per chi si difende, il fattore umano resta centrale. Vale per l'intelligence e per gli apparati della sicurezza nazionale: senza agenti sul campo, senza una rete di informatori funzionante, sventare per tempo le minacce è molto più complicato.

Tra l'estate del 2021 e il febbraio del 2022, sui principali giornali americani sono apparse decine di ricostruzioni delle manovre militari delle truppe russe al confine ucraino. Sei mesi prima dell'invasione, la stampa Usa ha iniziato a essere costellata di dettagliati retroscena con fonti di intelligence e indicazioni precise sui piani di Putin, i tank e le armi appostati alla frontiera, la preparazione di un'imminente operazione di terra. Un messaggio dell'intelligence americana diretto al Cremlino e veicolato dai media: conosciamo il vostro piano d'azione, sappiamo dove e quando volete colpire. Da dove arrivavano queste informazioni? Dalle immagini satellitari e dai dati *open source*, che in tempo reale avevano permesso di monitorare la marcia dell'esercito russo. Ma non solo: determinante è stata la rete di informatori delle agenzie di intelligence americane sul terreno. Alcuni, a quanto pare, talmente integrati nel sistema di comando del Cremlino da riuscire ad anticipare le intenzioni degli ambienti più vicini a Putin.

Rendere pubbliche informazioni così sensibili, come ha fatto per mesi la Casa Bianca, con una campagna mediatica incentrata su notizie di intelligence che non ha precedenti nella storia recente, doveva servire a frenare Putin (senza successo), ma anche ad allertare ucraini e alleati, perché non si trovassero del tutto impreparati. Ha comportato un rischio calcolato: mettere sulla pubblica piazza dati riservati significa, potenzialmente, esporre le fonti sul campo alla rappresaglia nemica. È una vicenda che aiuta a comprendere la strategicità del fattore umano – pur ben correlato a quello tecnologico – nel nuovo paradigma della sicurezza. Gli agenti che operano in prima persona sono un elemento irrinunciabile. Forse lontani dallo stereotipo della valigetta e degli occhiali da sole reso così popolare da cinema e serie tv, da James Bond a Jason Bourne a *Homeland*. Ma insostituibili.

A fronte di pericoli ibridi, semmai, deve farsi ibrida anche la sicurezza nazionale. Ne derivano due corollari. Il primo: le minacce sono oggi talmente inafferrabili e indefinibili da rendere le crisi inevitabili. Possiamo solo fare di tutto per mitigarle, ridurne gli effetti. Non esiste più la paratia stagna per proteggerci, per separare i «buoni» dai «cattivi», alleati e rivali; non basta più il «cippo confinario» di Tarvisio, la pietra che segnava il confine fisico tra l'Italia e il mondo fuori dall'Alleanza atlantica. Di qui, il secondo corollario. Contro queste minacce la difesa deve evolversi. Serve una deterrenza proattiva e non più episodica, una tantum; bisogna irrobustire gli Stati e i loro sistemi-Paese nel loro complesso per evitare di ingenerare nei competitor una percezione di debolezza. Occorre apparire indigesti a ogni tentativo di influenza e di dominio. È una grande sfida dell'intelligence che trova nello spazio cibernetico, ma non solo, come abbiamo visto, un campo di prova particolarmente significativo.

Come attrezzarsi?

Tutti gli apparati di intelligence sono alle prese con un'impellente necessità di aggiornamento. Abbiamo detto che alcune regole auree del mestiere sono rimaste invariate. Nello spionaggio, per esempio, cioè in un'attività a cui gli Stati non possono rinunciare nei confronti dei propri rivali così come degli alleati. «Le spie spiano. Roba da pazzi!» recita una pungente vignetta del disegnatore Altan. Gli Stati si spiano a vicenda e tollerano queste intrusioni finché restano sotto il livello di guardia. Il problema nasce semmai quando questo gioco – specie se avviene, come può capitare, tra partner – balza agli occhi dell'opinione pubblica. Che a quel punto chiede spiegazioni alla politica. È successo dopo lo scandalo WikiLeaks, quando l'organizzazione di Julian Assange ha messo in rete migliaia di file sulle intercettazioni e lo spionaggio della Cia anche nei confronti degli alleati europei. File poi confermati e ampliati dai documenti trafugati e pubblicati dall'informatico Edward Snowden, ex collaboratore dell'Nsa. E di nuovo, in tempi più recenti e questa volta non tra partner, all'indomani dell'invasione russa dell'Ucraina: a uno a uno gli Stati europei hanno iniziato a espellere decine di diplomatici russi dislocati da tempo nelle rispettive ambasciate. Alla cacciata in massa delle feluche russe, il Cremlino ha risposto colpo su colpo, rispedendo in Europa centinaia di diplomatici di stanza a Mosca. Il giusto paga per il peccatore. Un esodo che ha ristretto il campo visivo dell'intelligence russa, a cui rispondevano diversi di quei funzionari costretti a fare le valigie. Fin qui il «vecchio» mestiere.

Poi ci sono le nuove sfide con cui l'intelligence deve confrontarsi. Le operazioni ostili sui mercati, la disinformazione usata come arma di una guerra ibrida, il sabotaggio degli hacker per rubare segreti industriali, ricattare e colpire il nemico. Come reagire? Serve una riforma degli apparati per stare al passo con le minacce? Sono domande al centro di un dibattito vivace non solo nel nostro Paese. Occorrono una nuova cultura della sicurezza e professionalità nuove che integrino quelle tradizionali. Vanno attratte, sviluppate e trattenute. Il sistema di sicurezza nazionale italiano ha mostrato negli ultimi anni di saper cambiare e adattarsi. Fra l'altro, affinando gli strumenti dell'intelligence economica per prevenire intrusioni negli asset strategici e minacce nel campo della finanza.

È un sistema, il nostro, ben inserito nella rete di alleanze occidentali grazie a canali privilegiati, per esempio con le agenzie americane. Forte è la collaborazione tra europei: non fino al punto da ipotizzare un'intelligence dell'Ue – perché troppo diretto è il legame della funzione con la sovranità degli Stati –, ma abbastanza da incoraggiare il massimo incremento della condivisione delle informazioni e delle collaborazioni bilaterali. Non mancano i rapporti con ogni altro servizio, a seconda delle reciproche esigenze e utilità (si sa: le intelligence parlano con il diavolo!). Quanto basta per eguagliare, per quantità e sensibilità delle informazioni scambiate, altri rodati canali di intelligence come i Five Eyes, l'alleanza di sicurezza tra anglosassoni che unisce Stati Uniti, Canada, Regno Unito, Australia e Nuova Zelanda.

Da tempo è in atto una proficua discussione – non ancora giunta alla fase delle conclusioni operative – sul se e come ripensare la struttura del comparto di sicurezza italiano. Oggi esso è suddiviso tra due agenzie, l'Aise per l'estero e l'Aisi per l'interno, coordinate dal Dis (Dipartimento delle informazioni per la sicurezza), nell'ambito della Presidenza del Consiglio dei ministri. Ci si chiede se questa dicotomia interno/estero abbia ancora senso in un ecosistema di sicurezza sempre più trasversale; se le agenzie non debbano invece operare per tematiche piuttosto che per confini; se non occorra un assetto unico, fortemente coordinato, o più decentrato. E poi ancora, se per meglio attrezzare il governo a prevenire e gestire le crisi che riguardano la sicurezza nazionale sia sufficiente distillare i compiti fra i ministeri e gli enti preposti, raccordandone l'azione di volta in volta, oppure se sia preferibile dotarsi di un organismo permanente ad hoc (un Consiglio per la sicurezza nazionale), al pari di quasi tutti i nostri partner. Domande attualissime. E forse non più rinviabili. Le risposte – per la verità abbastanza ovvie quanto alle scelte di fondo – postulano esiti chiari e solleciti delle riflessioni in atto e un tasso di convergenza elevato tra le forze politiche.

Alla base di ogni architettura di sicurezza all'altezza di una democrazia occidentale non può che esserci, d'altra parte, un patto di fiducia, costantemente rinnovato, tra opinione pubblica e apparati, basato sulla trasparenza dei comportamenti, sul ricorso al segreto e alla riservatezza non «a perdere», ma solo a effettiva tutela delle attività operative, sull'adeguata e costante informazione degli organi parlamentari di controllo e garanzia. In Italia, su questi aspetti, i progressi sono stati particolarmente rilevanti.

La trappola del paguro

Le regole di ingaggio e l'essenza del lavoro non sono cambiate. Si sono evolute. Gli Stati continuano a domandare alle proprie intelligence fondamentalmente tre cose: la contestualizzazione di fenomeni complessi, l'informazione giusta al momento giusto e poi, ma con sempre maggiore enfasi, il cambiamento delle situazioni sul terreno, cioè di contribuire a volgere gli sviluppi a favore dell'interesse nazionale. Nel complesso, un'attività non più di semplice raccolta e diffusione delle notizie sensibili, ma un ruolo sempre più attivo – al pari della diplomazia, delle forze armate e di polizia – nel più ampio sistema dell'architettura nazionale della sicurezza. È particolarmente vero per una minaccia che credevamo di esserci lasciati alle spalle: quella del terrorismo jihadista.

Con la sconfitta dell'Isis sul terreno, a fine 2017, avevamo considerato quel capitolo sostanzialmente chiuso. Le coalizioni internazionali formate per combattere un terrorismo che aveva addirittura voluto farsi Stato, nei territori a cavallo tra la Siria e l'Iraq, avevano avuto la meglio. Restavano focolai, non pochi ma a macchia di leopardo, da tenere sotto controllo soprattutto da parte americana, con raid mirati e una limitata presenza militare nel Mediterraneo allargato. Si era tornati a un jihadismo più tradizionale, con azioni più o meno estemporanee, di matrice ideologica, per creare tensione e timore, concentrate non tanto in Occidente, quanto in quel mondo arabo più moderato tentato dall'alleanza con noi. Il metodo classico di al-Qaida. Per la verità, anche nella fase più virulenta dell'Isis, di pianificazione centrale a opera di un super-stato maggiore con sede nella «capitale» Raqqa, in Siria, ce n'era stata poca. Più che altro, gruppetti organizzati e magari interconnessi tra di loro, *foreign fighters* europei di ritorno nei rispettivi Paesi, terze generazioni alienate nelle periferie di Parigi e Bruxelles radicalizzatesi sul web. Casomai, l'aspetto nuovo e inquietante era la progettualità esplicitamente rivolta verso l'Europa. E poi, soprattutto, i *lone wolves*, i «lupi solitari», soggetti esaltati capaci di stragi individuali, facili prede dell'effetto imitativo.

Poi, di colpo, il silenzio. Ingannevole, perché il rischio esiste ancora, eccome. Soprattutto quello dell'imitazione, tanto più forte quanto più si moltiplicano le crisi aperte nella regione – uscita dall'Afghanistan, Libia, conflitti nel Sahel, aree africane prive di governo e popolate di ribelli, guerra a Gaza – e quanto più intensi sono i flussi migratori, sia che vengano dall'Africa attraverso il Mediterraneo sia che percorrano via terra la rotta anatolico-balcanica. La variegata galassia jihadista, abile nel riempire i vuoti di potere creati dalla debolezza dei governi locali o dalla inefficacia degli interventi occidentali, si propone spesso alle popolazioni come risolutrice delle loro enormi problematiche socio-economiche. Meno violenza e più dialogo, ma sempre a fini di potere. E c'è chi, come i mercenari russi, tenta di trarne vantaggio: volgono le bande una contro l'altra e ne fanno uno strumento di pressione sui governi, ai quali poi offrono protezione a pagamento. Una forma di ricatto della dipendenza, in nome dell'antioccidentalismo.

Insomma, l'effetto radicalizzazione è sempre forte. Riguarda i Paesi della regione, ma potrebbe riaffacciarsi in Europa se i conflitti non si placano, e presentare il conto quando meno lo si aspetta. Anche all'intelligence: c'è una sfida nella sfida, per gli apparati di sicurezza, perché questo genere di reclutamento vanifica almeno in parte ogni forma di prevenzione e controllo, complica ulteriormente l'equazione della sicurezza e obbliga a rafforzare al massimo sinergia e coordinamento tra servizi e forze di polizia. Fa saltare i capisaldi, come nella grave falla del 7 ottobre: una dimostrazione palpabile che addirittura uno dei più avanzati servizi segreti al mondo può farsi trovare impreparato nel nuovo ecosistema securitario. È mutato il contesto internazionale e in esso il proliferare degli scenari di crisi di cui parleremo in questo libro moltiplica le minacce.

Nel frattempo, il continuo aggiornamento tecnologico degli strumenti utilizzati dall'intelligence potenzia e allarga il campo di attività. La posta in gioco si è alzata. Gli Stati, e in alcuni casi anche gli attori non statali, possono oggi ambire a qualcosa che un tempo era fuori portata: la *debellatio* sistemica del nemico. È divenuto possibile appropriarsi di quella che Adam Smith chiamava la «ricchezza delle nazioni» e che oggi sta sulla rete. Lo Stato rivale può essere svuotato del suo patrimonio tecnologico, industriale, finanziario, lasciando intatti, almeno all'esterno, le infrastrutture e gli asset strategici. Per farlo ci s'inserisce all'interno di banche, aziende in settori industriali critici, gli stessi palazzi della politica, fino a occupare le postazioni chiave della sovranità nazionale. Come un paguro che sfratta e uccide un altro crostaceo per rubargli il guscio e trovare un riparo più sicuro e confortevole, il nemico varca le difese del guscio – la sicurezza –, penetra al suo interno e distrugge o si appropria di quel che trova: per l'appunto, la «ricchezza della nazione». Ecco la vera linea di confine che trasforma la guerra, lo spionaggio, un attacco hacker in una minaccia potenzialmente esistenziale.

Sono diverse le opportunità che permettono al «paguro» di occupare il guscio del nemico, e le ha moltiplicate quella globalizzazione che, nonostante i colpi inferti dalla pandemia e dalla guerra in Ucraina, resiste ancora, magari più ristretta, e lega a doppio filo Stati amici e competitor attraverso le *supply chains*: ossia, quelle catene distributive delle materie prime, delle merci e dei beni che possono stringersi fino a creare legami di dipendenza pericolosi e, in definitiva, mettere a repentaglio la sicurezza nazionale. Se n'è accorta l'Europa quando, in un risveglio tardivo imposto dalla guerra in Ucraina, ha deciso di recidere le tubature del gas russo che per anni hanno tenuto il Vecchio Continente alla mercé dei capricci di Mosca. Se n'è accorto l'Occidente in riferimento alla dipendenza dagli investimenti diretti cinesi in asset strategici, che a volte, lo si è visto con la Nuova Via della Seta, possono trasformarsi in lacci politici che inficiano il libero arbitrio degli Stati.

Sono legami spesso difficili da scorgere per tempo. Nel 2019, un report riservato stilato dal governo delle Filippine, poi pubblicato sulla stampa americana, ha suonato l'allarme. Un grande gruppo di Stato cinese nel settore dell'energia era arrivato a possedere il 40 per cento dell'azienda che gestisce l'intera infrastruttura elettrica del Paese asiatico. Quanto bastava, avvisarono allora gli apparati di sicurezza, per permettere al governo cinese di avere «il pieno controllo» dell'elettricità nelle Filippine e «la piena capacità di interrompere i sistemi energetici nazionali». Un interruttore: on-off.

È un tentativo che si ripete di continuo. Vede in azione soprattutto chi ambisce al primato internazionale. Svuotare e rubare il guscio: è questa la sfida posta dalle due grandi autocrazie revisioniste cinese e russa per contestare il primato americano e allentare le alleanze di Washington, dall'Europa all'Asia. Ma è una sfida perseguita con metodi molto difformi.

A differenza della Cina, la Russia sa di non poter ambire alla primazia, anche per la mancanza di risorse economiche e per non aver riconvertito e modernizzato negli anni il proprio sistema industriale. Le performance non negative che registra non devono ingannare: sono dopate dall'economia di guerra. Costretta a scelte opportunistiche, favorisce il caos e la frammentazione come uno strumento prezioso. Questa consapevolezza si riflette nel modus operandi dei suoi apparati di sicurezza: i servizi russi hanno fatto dell'instabilità una firma d'autore, fomentandola praticamente in ogni area di crisi. Anche con assassinii mirati, in Russia come nel cuore dell'Europa. Sergej Skripal (sopravvissuto a un avvelenamento), Aleksandr Litvinenko ne sono casi illustri ed eloquenti: non solo un messaggio che chi tradisce lo zar non sopravvive, ma l'ostentazione del saper bucare la sicurezza altrui.

Diversa è invece l'ambizione degli apparati cinesi: hanno fatto dello spionaggio industriale e della sottrazione di know-how la loro vera cifra caratteristica. È questa la priorità strategica per Pechino: svuotare il guscio del nemico – la sua rete di alleanze, l'architettura internazionale che ne riflette la primazia – e prendere alla lunga il suo posto. Con ogni mezzo possibile.

3

Stati Uniti e Cina governano il mondo?

Contrariamente alle apparenze, no, gli Stati Uniti e la Cina non governano il mondo. Sul pianeta agiscono troppi centri di potere statuali e non statuali, nessuno in grado da solo di dettare l'agenda mondiale, e in questo panorama il Covid e le guerre in Ucraina e in Medio Oriente hanno accentuato la frammentazione. L'accrescono anche le filiere di Stati indisponibili a scegliere in maniera netta tra la sicurezza americana e la convenienza cinese. E poi Pechino – candidata a potenza egemone del futuro – non è ancora pronta come economia e come apparato militare. Dal canto suo, Washington – potenza egemone del presente – allo scontro preferisce la dissuasione. Entrambe le superpotenze sono consapevoli di una interdipendenza economico-commerciale ancora forte, difficile da cancellare con un tratto di penna, malgrado la crisi della globalizzazione.

Siamo in guerra?

Anche il confronto più duro ha i suoi momenti plastici, le sue scenografie. San Francisco, serata del 15 novembre 2023. Sotto le volte dell'Hyatt Regency, il più lussuoso albergo cittadino, è schierata una fila di tavoli imbanditi. Ai lati siedono trecento ospiti. Non sono commensali qualunque, ma i più importanti amministratori delegati della Silicon Valley: Elon Musk, Tim Cook, Larry Fink e molti altri. Insomma, i capitani dell'industria tecnologica americana. Attendono un ospite speciale. *A senior Chinese official*, recita laconicamente l'invito. Xi Jinping fa il suo ingresso in sala. Il presidente a vita della Cina prende posto fra gli applausi. Gli uomini che hanno in mano le chiavi del primato americano nel mondo dedicano una standing ovation all'unica persona che può mettere in crisi quel primato. Come si può considerare il rivale numero uno d'America quel signore alto, sorridente, serafico, dallo sguardo mite che sta annunciando la donazione di una famiglia di panda allo zoo di San Diego? È davvero a capo del più temibile e folto apparato statale del pianeta, l'unico in grado di minacciare il sistema americano? Fra i tavoli e le luci dell'Hyatt è difficile crederlo. La politica internazionale è più complessa, evidentemente. Ma sta di fatto che quella cena di gala – che sono stati i cinesi a volere, per rassicurare sulle loro intenzioni il grande capitale mondiale – segue l'incontro al vertice che Joe Biden e Xi Jinping hanno avuto solo poche ore prima. Appena la seconda delle loro strette di mano dal vivo in tutto l'arco della presidenza Biden. Preparata meticolosamente dalle due diplomazie con un comune convincimento: mettere un limite al peggioramento dei loro rapporti è nell'interesse di tutti e due. E l'applauso plateale dei tycoon serve da avallo, incarna l'opportunità di mitigare il conflitto.

Certo, Stati Uniti e Cina sono e resteranno due superpotenze rivali, le uniche oggi in grado di contendersi il primato dell'ordine internazionale, anzi a poter nutrire l'ambizione di plasmarne uno a propria immagine e somiglianza. È una rivalità sistemica, che a tratti già assume i contorni di una vera e propria guerra. Combattuta per ora solo sul piano tecnologico, industriale, finanziario, delle materie prime: per fortuna, perché, se portato alle estreme conseguenze, il conflitto tra loro può far correre al mondo intero un rischio esistenziale. Nessuno, tantomeno l'Europa, sarebbe al riparo da una simile deflagrazione. E nessuno ha interesse ad accendere la miccia. La deterrenza serve appunto a evitare che una scintilla di troppo renda irreversibile lo scontro. Deterrenza economica: le sanzioni commerciali, lo spionaggio industriale che comprime i tempi della rincorsa tecnologica, la difesa del «cortile» degli asset strategici dalla penetrazione del rivale. Diplomatica: le alleanze, le reti di contenimento con i partner regionali. Militare: il dispiegamento di navi, aerei e basi nell'Indo-Pacifico, la regione «calda» del mondo, quella della guerra potenziale. Qui, intorno all'isola di Taiwan, si decide il destino non solo delle più importanti filiere industriali globali, ma anche della supremazia strategica fra le due superpotenze.

L'immagine che ci restituisce oggi il rapporto tra Stati Uniti e Cina è la fotografia di un condominio mancato e incompiuto. Mancato perché non può esserci condominio, condivisione tra una superpotenza dominante e una che vuole prenderne il posto. Incompiuto perché, con buona pace di un nuovo ordine bipolare, né Washington, né Pechino sono in grado di formare due feudi omogenei di Paesi, cooptando quelli riluttanti alle scelte di campo, e in presenza di altre potenze influenti, come l'India. Questo conflitto, potenzialmente esistenziale per le sorti del mondo, è dunque destinato a deflagrare? Il quesito in realtà mal si presta a risposte nette, almeno non nel breve periodo. La Cina non si riconosce nell'ordine liberale, eppure non pensa che sovvertirlo all'improvviso corrisponda al suo interesse nazionale. Non prospera, al contrario della Russia, su instabilità e vuoti di potere. Lavora sui tempi lunghi, con l'obiettivo di sostituire il suo ordine al nostro. Prendete in mano un discorso di Xi Jinping: non troverete una sola promessa che il leader cinese assicuri di mantenere prima di dieci o vent'anni. La riforma delle forze armate? 2035. Il «grande ringiovanimento» della nazione cinese e il primato economico in Asia? 2049. Il taglio a zero delle emissioni di CO_2? 2060. È una grande marcia. Nell'ottica cinese serviranno tempo e pazienza prima che «l'Oriente si risollevi e l'Occidente declini», come recita un detto di Mao preso in prestito da Xi.

Non è questa, però, l'unica ragione che rende oggi improbabile lo scoppio di un conflitto tra Cina e Stati Uniti. Troppi i disincentivi, da entrambe le parti. Troppo alto il prezzo per le due più grandi economie del mondo che restano profondamente interconnesse. Comprate un cellulare cinese e smontatelo. Scoprirete che un microchip, un cristallo, magari una telecamera sono stati assemblati dall'altra parte del mondo, da un'azienda in California o da qualche sussidiaria in Europa. Lo stesso per una tv o un'auto acquistata in America. Probabile che i chip che fanno funzionare la radio, l'aria condizionata o il navigatore provengano da una fabbrica a Taiwan o a Shanghai. Piaccia o no, la globalizzazione, pur ammaccata, sopravvive. E in un mondo ancora globalizzato il *decoupling*, il divorzio definitivo tra l'economia americana e quella cinese, resta un'illusione. Diverso, il *de-risking*: mitigare i rischi, ridurre le dipendenze. Ne parleremo in seguito.

Anche il contesto internazionale, nonostante gli scossoni degli ultimi anni, a prima vista rende improbabile uno scontro diretto tra Cina e Stati Uniti. Sentiamo spesso parlare di una nuova guerra fredda tra superpotenze, una cortina di ferro che separa l'ordine liberale a guida americana dal club delle autocrazie a guida cinese. Ma la realtà è più complessa: ammesso che la cortina esista, gran parte della comunità internazionale non intende privilegiare il primato della sicurezza, in mano americana, oppure il primato della convenienza e degli accordi a buon mercato, che può vantare la Cina. Insomma, sono in pochi a voler giocare la partita dell'Occidente contro il resto del mondo, *the West and the Rest*, che pure appassiona media e analisti. Vuol dire che il pericolo di un conflitto militare tra Washington e Pechino è definitivamente scampato? Tutt'altro.

Taiwan, la sicura e il grilletto

«Inevitabile.» L'annessione di Taiwan è «un'inevitabilità storica». È la notte di Capodanno e milioni di cinesi sono incollati al televisore per ascoltare il tradizionale discorso di fine anno di Xi. Seduto dietro la scrivania, Xi Jinping augura un buon 2024. Sullo sfondo l'ufficio presidenziale, rimasto immutato per un decennio proprio come il potere del suo inquilino: la bandiera nazionale, la tela con la Grande Muraglia. Il presidente si rallegra per la pandemia ormai alle spalle, i dati sul commercio e i cellulari cinesi che hanno sempre «un successo immediato» sul mercato. Poi arriva al punto. «La Cina sarà riunificata, senza alcun dubbio.» Taiwan, l'isola autonomista sottrattasi per più di settant'anni ai tentacoli di Pechino, non sfuggirà più. Il messaggio è chiaro, perentorio: l'annessione è solo questione di tempo. Fosse per il discorso in sé, nelle cancellerie occidentali nessuno sussulterebbe. Da quando ha scalato i gradini della Città proibita non vi è anno che passi senza che Xi – con più assertività dei suoi predecessori – rinnovi la sua promessa: Taiwan tornerà in mani cinesi. *One China policy*: esiste una sola Cina e non ammette repliche.

Il contesto della competizione strategica però è cambiato. E rende oggi più grave, perché più credibile, la promessa di Capodanno. La Cina annetterà l'isola? Se sì, quando farà la prima mossa? Sono domande che inquietano l'establishment politico e militare americano. Diviso su quasi tutto, tranne questo: la necessità di contenere la Cina, difendere Taiwan, scongiurare l'invasione e una guerra nell'Indo-Pacifico. È qui, nei mari caldi dell'Asia, che un incidente di troppo può trasformare da un giorno all'altro la competizione fra Cina e Stati Uniti in una guerra di sopravvivenza. Centosessanta chilometri di acqua si frappongono tra la Cina e l'isola ribelle, nello stretto attraverso cui transitano ogni giorno volumi ingenti di commercio marittimo. Di tanto in tanto, una manovra azzardata di una portaerei americana o un'esercitazione navale cinese fanno tremare la comunità internazionale.

Non che prendere il controllo dell'isola e dei suoi ventiquattro milioni di abitanti sia un'impresa semplice, perfino per chi dispone della più temibile marina militare al mondo. E se di ciò possono vantarsi gli Stati Uniti, al secondo posto in classifica viene comunque la Cina. Una simulazione del Center for Strategic and International Studies (Csis), noto think tank americano, ha provato di recente a immaginare l'esito di uno scontro militare tra superpotenze a Taiwan. Sarebbe una catastrofe: solo nelle prime due settimane le perdite umane si stimerebbero nell'ordine delle decine di migliaia. Senza contare navi, aerei e mezzi di ogni tipo destinati a finire distrutti. Impossibile conoscere nei dettagli i piani cinesi. L'intelligence americana ha però delineato alcuni scenari di annessione. Quattro in particolare.

Il primo: la «riunificazione pacifica». Cioè la resa di Taiwan, da ottenere con una lunga e crescente campagna di pressione. Senza l'uso della forza militare che può rivelarsi costoso, come suggerisce a Xi la guerra russa in Ucraina. Di cosa parliamo in concreto? Un cappio che si stringe: manovre ed esercitazioni militari, sanzioni ed embargo, interferenze politiche. Sono già all'ordine del giorno e rientrano in un metodo collaudato dalla Cina nell'Indo-Pacifico, sempre più costellato di fortificazioni militari costruite dai cinesi su decine di isolotti e scogli contesi con i Paesi vicini, dalle Filippine al Giappone.

Poi ci sono gli scenari bellici, e tutti, in un modo o nell'altro, rischiano di innescare una guerra su larga scala e di coinvolgere le forze americane nella regione, dalla marina agli aerei, alle truppe nelle basi di Guam e in Giappone. Un'opzione prevede il «blocco totale» di Taiwan: frapporre tra l'isola e il mondo esterno le navi cinesi, costringerla alla resa senza sparare un colpo.

Un'altra variante strategica ipotizzerebbe un'invasione graduale, un pezzo alla volta: Taiwan non è solo un'isola, ma un arcipelago. A poche miglia dalle coste della Cina continentale vi sono due insiemi di isolette che fanno capo alla Repubblica autonoma. Si chiamano Kinmen e Matsu, hanno circa 140.000 abitanti e più di una volta negli anni Cinquanta l'esercito di Mao ha provato a conquistarle, salvo poi desistere. Come reagirebbe Taipei di fronte a una loro invasione da parte dell'Esercito popolare di liberazione (Pla)?

Un quarto e ultimo scenario, infine: un'invasione completa di Taiwan, via terra, mare e aria. Una guerra che difficilmente resterebbe di scala regionale e con facilità potrebbe trascinare dentro gli Stati Uniti e i loro alleati, mobilitando le forze americane schierate in Giappone, nelle Filippine, in Corea del Sud, nelle isole del Pacifico. C'è un motivo se sulle giubbe degli ammiragli del Comando Indo-Pacifico (Indopacom) campeggia un motto: *Fight, tonight*, «combatti stanotte». Si vive di attese, in quelle acque.

Tutti gli scenari citati sono credibili e non è escluso che s'intreccino a vicenda. Come se non bastasse, bisogna tener conto dell'incognita politica a Taipei. Per la terza volta consecutiva, le elezioni presidenziali a Taiwan del gennaio 2024 si sono chiuse con la vittoria di un presidente indipendentista: Lai Ching-te, leader del Partito progressista democratico (Ppd). Il peggior esito possibile per Pechino, con qualche mitigazione. Se le urne hanno dimostrato lo stato di salute della democrazia taiwanese, rimasta indifferente alle pur evidenti interferenze politiche di Pechino a favore di partiti contrari all'autonomia, nel contempo, a parziale attenuazione dell'escalation, hanno dato la maggioranza parlamentare al partito rivale del presidente eletto. Insomma: l'alta tensione tra i vertici del Partito comunista cinese

(Pcc) e la leadership taiwanese, tra alti e bassi, durerà ancora a lungo.

Se questo è il quadro, abbiamo di che preoccuparci? Basta un incidente, un imprevisto qualsiasi a far deflagrare una guerra mondiale in Asia? È davvero così che stanno le cose? Non proprio, per fortuna. Di incidenti in questi anni ne abbiamo contati a decine e nessuno finora ha convinto Stati Uniti e Cina a varcare il Rubicone. Navi che si sfiorano e si tagliano la rotta nello stretto. Incursioni di caccia cinesi nello spazio aereo taiwanese, aerei spia, sottomarini che si guardano minacciosi a una manciata di chilometri di distanza. Come ogni altra crisi, anche quella di Taiwan non si può evitare. Si può tuttavia mitigare, rinviare a tempo indeterminato. Come? Il primo e più importante fattore moderante è la deterrenza militare. Che da parte americana trova il suo compimento in una dottrina ormai rodata: l'«ambiguità strategica». Cosa significa? Gli Stati Uniti non hanno mai detto con chiarezza cosa sarebbero disposti a fare se la Cina invadesse l'isola autonomista. Non hanno mai confermato né smentito l'ipotesi di un intervento militare *boots on the ground* a difesa dell'alleato taiwanese. Davanti a un assalto anfibio della marina cinese, gli americani potrebbero non reagire militarmente, ossia potrebbero limitarsi a sostenere Taiwan inviando aiuti e munizioni come hanno già fatto con l'Ucraina. O forse no: colpirebbero i sottomarini e le navi cinesi e interverrebbero a difesa dell'isola. Nessuno, in definitiva, può dirlo con certezza. Ecco il segreto. Questa ambiguità finora ha funzionato e spiega la ritrosia della Cina nel fare la prima mossa. Il Partito comunista cinese del resto non si fida fino in fondo di un esercito, di un'aviazione, di una marina che da anni non si misurano in un vero conflitto. Quando lo hanno fatto davvero – è successo nella guerra di Corea negli anni Cinquanta –, le cose non sono andate alla grande.

C'è poi una considerazione strategica e non solo tattica dietro l'attendismo cinese. Una guerra lunga e dagli effetti devastanti comprometterebbe forse una volta per tutte l'ambizione della Cina di rimpiazzare l'America nelle gerarchie mondiali; il desiderio di Atene di sostituirsi a Sparta, la «trappola di Tucidide». È per questo – oltre all'interdipendenza tra le due superpotenze e alle mediocri performance recenti dell'economia cinese – se a fasi di confronto duro si succedono periodi di dialogo, di definizione degli interessi comuni e tentativi di circoscrivere le divergenze prima che possano deflagrare.

La deterrenza passa, dunque, per le armi, ma non

solo. Anche la diplomazia ha voce in capitolo. Ha questo preciso obiettivo la rete di alleanze che nel tempo gli Stati Uniti sono andati tessendo nell'Indo-Pacifico: una rete di contenimento dell'assertività e delle ambizioni cinesi. Con Joe Biden alla Casa Bianca, un presidente più incline a scommettere sugli alleati rispetto al suo predecessore, la tela si è estesa. Se prima esisteva solo il Quad (Quadrilateral Security Dialogue), il quadrilatero composto da Stati Uniti, India, Giappone e Australia – che prevede da tempo consultazioni periodiche tra alleati in tema di sicurezza, ma che con gli anni ha assunto una valenza più attiva e strutturata –, oggi c'è anche l'Aukus, un patto a tre – America, Regno Unito e Australia – che dà accesso per la prima volta a quest'ultima alle tecnologie più sensibili e avanzate, attraverso la costruzione di sottomarini a propulsione nucleare. Siglato nell'autunno del 2021, è considerato non a torto una potenziale minaccia dalla leadership cinese. La Cina vi ha contribuito, suo malgrado: il nuovo corso inaugurato dalla presidenza di Xi e fondato su una crescente proiezione di potenza nel vicinato cinese ha imposto un cambio di paradigma. La rete americana ha pescato nuovi alleati, disposti a mettere da parte diffidenze e rancori, a dare priorità al dogma della sicurezza rispetto ai vantaggi offerti dalla Cina e dal suo primato commerciale nell'area. Trent'anni fa, mettere intorno a uno stesso tavolo potenze asiatiche storicamente rivali come il Giappone e la Corea del Sud, divise da ferite storiche recenti e remote, sarebbe stato impensabile. Oggi è vero il contrario, come dimostra l'accordo di collaborazione raggiunto nell'agosto del 2023 durante una visita a Camp David dei primi ministri di Tokyo e Seul al presidente Biden.

Certo, Pechino non è rimasta con le mani in mano. Ha cercato di rompere l'accerchiamento con alleanze a geometria variabile, utili a scardinare la tenaglia americana e funzionali a rafforzare la sua ambizione di potenza globale. Una è quella con il Pakistan, Stato fragile e in declino ma potenza nucleare, sempre più dipendente dagli orientamenti cinesi anche alla luce della crescente rivalità con l'India. Inoltre usa, per quanto possibile, la Corea del Nord di Kim per tenere alta la tensione nell'area. O addirittura corteggia alleati di ferro dell'Occidente, come la stessa Corea del Sud, allettandoli sul piano economico con l'inclusione nel grande accordo di libero scambio Regional Comprehensive Economic Partnership. E agisce con i Paesi del Sud del mondo, come vedremo, cercando di allinearli alla propria linea politica con vantaggi economici. Moltiplica le iniziative diplomatiche in scacchieri insoliti per Pechino, come la mediazione di successo tra sauditi e iraniani per il ristabilimento dei loro rapporti. E infine, in Asia centrale, rafforza i legami con Kazakistan, Tagikistan e Kirghizistan, i Paesi della steppa un tempo nell'Urss e oggi sempre più nell'orbita cinese, radunati nel 2022 in un evocativo summit della Shanghai Cooperation Organisation (Sco) a Samarcanda, dove Xi ha addirittura lanciato un «nuovo ordine di sicurezza».

Fin qui il quadro è chiaro. Taiwan è il grilletto da cui può partire il colpo più pericoloso della nostra epoca, una nuova Sarajevo. La deterrenza e l'ambiguità strategica americane sono la sicura che ferma il colpo. La ritrosia cinese a usare la forza – finché durerà – e i problemi economici di Pechino sono un altro fattore mitigante. Lo scenario preferito dalla Cina sarebbe di creare le condizioni perché Taiwan cada nel suo piatto da sola. È però ancora presto per saltare alle conclusioni.

Piccolo cortile, alte mura

La sfida tra Stati Uniti e Cina per il predominio, tuttavia, non si gioca solo nell'Indo-Pacifico: bisogna allargare lo zoom. E guardare a cosa succede nel Mediterraneo e in Europa, sempre più al centro della Global Security Initiative lanciata da Xi. Dal Medio Oriente al Maghreb, all'Africa subsahariana e orientale, fino al Vecchio Continente, il Mediterraneo allargato è un altro campo dove la Cina può minare l'influenza della potenza egemone americana. Lo fa in due modi.

Con la pressione militare, in primo luogo, tradotta in una crescente presenza in Africa, dalla base di Gibuti affacciata sull'Oceano Indiano alle installazioni e agli accordi stretti con diversi Stati del continente: Zimbabwe, Sudafrica, Guinea Equatoriale. Così come attraverso il viavai di navi militari cinesi che dal canale di Suez attraversano il Mediterraneo e di tanto in tanto conducono esercitazioni congiunte con la flotta russa. E poi, con la penetrazione economica e le opere infrastrutturali della Nuova Via della Seta, il mastodontico piano di investimenti a cui Xi Jinping ha legato a doppio filo la sua presidenza. Sta funzionando? A più di dieci anni dal suo lancio, non è facile tracciare un bilancio univoco della Belt and Road Initiative. La messe di accordi commerciali stretti dal governo cinese lungo la rotta che idealmente ripercorre il viaggio di Marco Polo, sette secoli fa, da Venezia a Pechino, ha creato una impressionante rete di interdipendenze tra gli Stati coinvolti. Non tanto per le infrastrutture fisiche costruite dagli ingegneri cinesi (ponti, viadotti, autostrade), quanto per la «trappola del debito» sottesa a tanti degli accordi commerciali siglati, che ha consegnato nelle mani di Xi il destino di molti Stati aderenti, costretti a ripagare a debito la penetrazione cinese nei loro asset strategici. Un debito politico, prima ancora che finanziario. E non riguarda solo Paesi in via di sviluppo: lo ha contratto e pagato la Grecia di Tsipras quando nel 2017, all'indomani del più grande investimento europeo della Belt and Road – l'entrata nel porto del Pireo di Cosco, il colosso cinese delle spedizioni –, Atene si trovò a bloccare all'Onu una risoluzione europea di condanna delle violazioni dei diritti umani in Cina e in seguito, in sede europea, a opporsi più volte a incrementare i controlli sugli investimenti cinesi. Questa «trappola» è al contempo una forza della Nuova Via della Seta, con la strutturazione di dipendenze e connessioni invisibili a occhio nudo, ma anche la sua più grande debolezza. Contiene un difetto di fabbrica che ha spinto più di un Paese a fare marcia indietro e denota un limite culturale cinese nella comprensione dell'ordine liberale e delle economie di mercato. Tanto è vero che a Pechino stanno attivamente pensando a come rendere gli interventi più selettivi e mirati, per evitare il boomerang di situazioni debitorie generalizzate, troppo difficili da gestire.

L'Italia, primo e unico membro del G7 a firmare il memorandum nel 2019, ha anch'essa corso un rischio potenziale. Il nostro Paese, che ha abbandonato ufficialmente la Belt and Road nel dicembre del 2023, era una preda ambita nel disegno di Xi per creare un ordine del Mediterraneo di segno più incline ai propri interessi che a quelli occidentali: un membro del G7, della Nato, fondatore dell'Ue, quindi uno snodo cruciale per il fianco sud dell'Alleanza atlantica. E insieme un crocevia logistico cruciale nel Mediterraneo, dal momento che chi controlla i porti di Genova e Trieste ha accesso alle rotte che portano a nord verso Rotterdam, così come alla Scandinavia, ai Balcani occidentali e sudorientali. L'obiettivo di far deragliare il nostro Paese dai suoi binari diplomatici tradizionali non è stato centrato. L'adesione italiana al progetto-bandiera di Xi, poi rinnegata, non ha portato vantaggi tangibili sul piano commerciale, né ha lasciato un segno durevole sul nostro posizionamento internazionale.

Quella firma ha nondimeno sollevato qualche interrogativo sulla reale percezione della sfida e della minaccia cinese in Italia, rafforzando l'immagine, che talvolta proiettiamo, di un'opinione pubblica più sensibile alle sirene della convenienza che a quelle della sicurezza nazionale. Bene è stato uscirne e perseguire il rafforzamento dei rapporti economico-commerciali con Pechino, al pari di Francia e Germania, tramite strumenti più consueti e tradizionali.

Va detto che dalla passerella di Xi a Roma nel marzo del 2019, ricevuto con tutti gli onori per celebrare la partnership della seta, molte cose sono cambiate. La contrazione delle catene di fornitura mondiali, seguita alla pandemia e rafforzata dalle guerre in Ucraina e Medio Oriente, ha reso il mondo più stretto. I decisori politici in Occidente si sono fatti più cauti e hanno iniziato a invertire i termini: senza sicurezza non può esserci convenienza. Oggi sarebbe più difficile firmare quel memorandum. Per la Francia o la Germania sarebbe meno agevole continuare a sottoscrivere accordi miliardari. In Europa e in Italia si è rafforzata una cultura della sicurezza che porta a soppesare con più cautela le forniture tecnologiche a Pechino e si è resa consapevole che gli investimenti cinesi, specie se lambiscono settori strategici, sono carenti di reciprocità e comportano oneri debitori. In America questa riflessione era stata avviata molto prima, già sotto la presidenza Obama. Ha informato tante scelte strategiche, trasversali ad amministrazioni di diverso colore politico. Pensiamo alla campagna americana contro le grandi società di telecomunicazioni cinesi, le accuse di spionaggio industriale sulla rete 5G rivolte a grandi player del settore tech come Huawei e Zte. O al «sanzionismo» che ha colpito le catene di approvvigionamento tecnologiche cinesi, talvolta costringendo le aziende del Dragone a cercare nuovi sbocchi e mercati per aggirare le sanzioni.

In questa guerriglia tecnologica tra superpotenze si fondono in un tutt'uno ragioni prettamente commerciali – contenere un temibile competitor in settori chiave come i semiconduttori, la telefonia mobile, l'intelligenza artificiale – e ragioni di natura politico-strategica. La tesi condivisa dagli apparati di sicurezza a Washington è semplice: niente nella Cina di Xi sfugge al controllo del Partito e dei suoi funzionari. Tantomeno i grandi gruppi partecipati o «privati» che hanno un obbligo preciso, previsto esplicitamente dalla legge sulla sicurezza nazionale varata dal governo cinese nel 2017, cioè collaborare e fornire informazioni alle agenzie di intelligence, se così viene loro richiesto, per superare al più presto il gap che separa la Cina dagli Stati Uniti. Di qui il graduale cambio di approccio, al quale corrispondono specularmente analoghe restrizioni cinesi nel campo dei materiali critici per le produzioni avanzate e nelle tecnologie green, di cui i cinesi detengono il primato. Insomma, la ricetta di una nuova «guerra fredda» tecnologica.

Accertata l'impossibilità di procedere a un *decoupling*, vale a dire a separare chirurgicamente due economie che la globalizzazione ha invece reso forse irreversibilmente intrecciate, come accennavamo gli sforzi si sono concentrati sul *de-risking*: ridurre e mitigare l'eccesso di dipendenza e i rischi per la sicurezza. Come? Torna utile un'immagine evocata in un convegno alla Brookings Institution da Jake Sullivan, consigliere per la Sicurezza nazionale di Joe Biden. Per difendersi dalla penetrazione economica di potenze rivali come Cina e Russia in settori strategici – la finanza, la tecnologia, l'energia – è necessario costruire un «piccolo cortile con alte mura» (*Small yard and high fence*). Ovvero lasciare libero campo al mercato, finché si può. E proteggere invece con «mura alte» quegli asset che, qualora finissero nelle mani della potenza rivale, minaccerebbero la propria sicurezza. Facile a dirsi, difficilissimo a farsi. È un dibattito quantomai attuale anche da noi. Qual è il cortile da difendere? Cosa è strategico e cosa no? Le nostre mura sono abbastanza alte? La discussione è in corso.

Un condominio pericolante

Siamo dunque in un'era di grande subbuglio nei rapporti fra le due superpotenze: i venti di guerra a Taiwan; il guanto di sfida all'ordine americano lanciato dalla Cina nel Mediterraneo; l'uso delle infrastrutture e dei commerci per fare proseliti tra le nazioni; il ricatto reciproco tra accesso alle tecnologie avanzate e minerali strategici. Sono solo alcune facce di uno scontro sistemico. Una crisi permanente tra Sparta e Atene, tra chi ha oggi il dominio dell'ordine internazionale e chi vuole insidiarlo. Si può solo cercare di tenerla sotto un livello di guardia, questa crisi, evitando che parta un colpo di troppo.

Quel condominio tra Cina e Stati Uniti – prospettiva immaginata da tanti a cavallo del millennio – è un cantiere sospeso, pericolante. Sono passati più di vent'anni dall'adesione della Cina all'Organizzazione mondiale del commercio (Omc), che risale all'11 dicembre 2001. Una quindicina da quando, su impulso di Barack Obama, nell'estate del 2009, il G20 con dentro la Cina venne proclamato principale foro della governance mondiale, rispetto all'allora G8 con Mosca, ma senza Pechino. Tuttavia, chi a quel tempo aveva scommesso che il coinvolgimento della superpotenza asiatica nei club mondiali del mercato libero e della gestione delle crisi finanziarie avrebbe di per sé spianato la strada a una convivenza pacifica e simbiotica con l'America, a un'integrazione cinese nell'ordine mondiale liberale, a un'eclissi del revisionismo, si è dovuto ricredere.

È però con l'elezione di Xi Jinping a segretario del Partito comunista il 15 novembre 2012 che la competizione con il rivale americano ha fatto un salto di qualità. Fin dai primi anni al potere, il «principe rosso» pone l'accento su una maggiore proiezione di influenza all'estero. Vuole dimostrare che la Cina non è disposta a farsi accerchiare, specialmente nel suo «estero vicino», cioè nel Mar Cinese Meridionale dove si gioca il destino di Taiwan. Con il diciannovesimo Congresso del Partito, che nel 2017 trasforma Xi in un presidente a vita cancellando il tetto ai mandati nella Costituzione, questa proiezione si estende oltre i mari caldi dell'Asia e punta a «circondare» l'Occidente nel suo vicinato: il Mediterraneo, l'Africa, l'Europa. È un disegno imperiale preparato con cura, sostenuto dal manifesto ideologico che contrassegna l'era di Xi nella Città proibita. Da un lato, il recupero del marxismo e del ruolo del Partito nella gestione della politica economica, con un evidente accentramento dei processi decisionali. Dall'altro, il nazionalismo e il revisionismo per vendicare la Cina dal «secolo dell'umiliazione» e modificare «l'equilibrio internazionale delle forze» con l'Occidente.

La pandemia prima e la guerra in Ucraina poi danno il colpo di grazia all'illusione di un primato condiviso tra Washington e Pechino. Succede invero il contrario: questi due eventi epocali accentuano la conflittualità tra democrazie occidentali e autocrazie revisioniste nella gara ad accaparrarsi armi, tecnologie emergenti, incarichi nelle organizzazioni internazionali. Allo stesso tempo la corsa alla supremazia fra Cina e Stati Uniti incontra più di un ostacolo sul percorso. Finita la stagione dell'unipolarismo americano, anche il modello multipolare a guida cinese stenta a intravedersi.

Nel mondo dei «non allineati» – i Paesi in via di sviluppo del Sud globale, dall'America Latina all'Africa – va crescendo l'insofferenza verso i «padroni del mondo». Quel mondo si popola di condòmini che cambiano di volta in volta affittuario, a seconda delle convenienze. Chi offre di più vince. Se il rapporto tra Washington e Pechino è fatto di interessi nazionali in competizione, gli altri non sono da meno.

4

The West and the Rest

Pensavamo di esserci incamminati verso una nuova governance mondiale bipolare, un condominio tra Washington e Pechino. E invece: *the West and the Rest*. Per quanto problematica e di sapore «ideologico» sia una simile definizione, spesso usata per brevità, ci ritroviamo senza un ordine definito, di fronte a una dialettica tra l'Occidente e il resto del mondo, il «Sud globale». Cos'è successo? Il mondo è diviso davvero in due campi? O ci avviamo verso un modello multipolare?

Nei rapporti internazionali le percezioni contano. Specie quando c'è chi è pronto a strumentalizzarle per accrescere la propria influenza. E, certamente, l'Occidente non sempre ha mostrato il meglio di sé: la devastante ritirata dall'Afghanistan e poi il ritardo nel fornire ai Paesi meno prosperi i vaccini anti-Covid hanno dato di noi un'immagine imbelle ed egoista, che la narrativa cinese e russa ha avuto gioco facile a corroborare, descrivendoci superati dagli eventi, portatori di un modello inefficace e in declino, sufficientemente presuntuosi da voler imporre a tutti i nostri sistemi valoriali. L'invasione russa dell'Ucraina è stata letta, a quelle latitudini, come un avvertimento all'Occidente a non pensare di perseguire i propri interessi senza che nessuno reagisca; la guerra di Gaza, come un esempio di ipocrisia e doppiopesismo, tutto pro-israeliano a priori. Inevitabili le divaricazioni: i voti succedutisi all'Assemblea generale dell'Onu ne hanno dato un'immagine eloquente.

Da qui a fotografare un mondo diviso in due blocchi contrapposti, dominati da Stati Uniti e Cina, tuttavia, ce ne corre. Valori, culture e storie diverse contano, ma interpretarle come un unico discrimine sarebbe una facile scorciatoia. Ideologizzare i conflitti non basta, perché a confrontarsi, nella realtà, è di nuovo la congerie degli interessi nazionali: dagli scontri, dalle convergenze emerge una realtà molto più frammentata. Difficile per chiunque rinunciare, specie in Asia, a sicurezza e tecnologia occidentali. Al tempo stesso è forte, soprattutto tra i più poveri, la tentazione di puntare su convenienze e vantaggi cinesi, mai esigenti in termini di diritti e libertà. C'è chi coltiverebbe volentieri l'arte di stare nel mezzo finché si può, di evitare un campo piuttosto che un altro; di lasciare insomma che Washington e Pechino, in cerca di seguaci, competano tra di loro, lucrando nel frattempo senza troppo compromettersi.

E poi, a complicare ulteriormente il quadro, ci sono gli interessi forti di potenze che nel bipolarismo non hanno alcuna intenzione di riconoscersi e che neppure sono disposte a riconoscere future primazie. Il mondo privo di un ordine riconosciuto ne ha fatto emergere il potenziale e le ambizioni di soggetti che si vogliono autonomi sulla scena internazionale, intenzionati a trarre pieno vantaggio dall'impensabile spazio di manovra offerto loro dalla frammentazione. Che si tratti dell'India, dell'Indonesia, del Brasile, delle monarchie del Golfo o dell'Arabia Saudita, sono tutte realtà che per dimensioni, collocazione geopolitica, ricchezza, corroborano in diversa misura la propria volontà di contare. Coltivano l'obiettivo di un ordine fatto di una pluralità di poli, senza interferenze nei rispettivi ambiti interni e dove tutto si regge attraverso un costante contemperamento dei rispettivi interessi. Non ci siamo arrivati, o almeno non ancora. Il rapporto tra le forze in campo non consente smarcamenti troppo facili e la capacità d'indignazione della comunità internazionale – alla quale si appella spesso papa Francesco – condiziona dopotutto, in una certa misura, i comportamenti statali. Siamo, in definitiva, in una fase tuttora fluida. Un tiro alla fune tra più attori che rende difficile dare compiutezza ad assetti e situazioni.

La Cina e i Brics

Ogni assetto finisce, poi, per avere una sua rappresentazione iconica. Gli incontri tra i leader dei Paesi Brics – gruppo informale che riunisce da tempo, con alterne fortune, Brasile, Russia, India, Cina e Sudafrica – hanno da sempre avuto l'ambizione di rappresentare otticamente l'alternativa all'Occidente.

Anzi, il vertice in Sudafrica dell'agosto 2023, a Johannesburg, si vuole ancora più rappresentativo: sancisce l'allargamento del gruppo dal gennaio del 2024 a Egitto, Etiopia, Iran, Arabia Saudita, Emirati Arabi Uniti e Argentina (che poi si ritirerà per decisione del nuovo presidente Javier Milei), mentre l'Indonesia, invitata, sceglie di non partecipare. Nascono i Brics+.

La tentazione di presentarsi come l'altra faccia del mondo, quella rampante, è forte. Peccato che ci si arrivi tra non poche difficoltà: non tutti sono d'accordo sull'intenzione cinese di dare al gruppo una forte connotazione politica, di strumento del confronto strategico con gli Stati Uniti. L'India soprattutto non è disposta ad assoggettarsi a una guida cinese e ricerca da sola, verso l'Ovest, le basi della sua sicurezza, preferendo limitare i Brics+ alle cointeressenze economiche e finanziarie. Anche la maggioranza degli altri partecipanti, vecchi e nuovi, è prudente, specie il Sudafrica e il Brasile. Nessuno di loro vuole compromettere i rapporti con i Paesi del G7, tantomeno rischiare una contesa tra due formazioni rivali per la governance del mondo, soprattutto dopo che il G20, che li contiene quasi tutti, si è dimostrato troppo eterogeneo e inadatto ad assicurarla.

Quei Paesi giungono a Johannesburg troppo diversi tra di loro per regimi politici e sistemi economici. Poiché sono più interessati a mettere un limite al potere del dollaro come moneta di riferimento mondiale, a mitigare la deglobalizzazione, a sfruttare ogni accesso alle tecnologie, ha un senso, in quest'ottica, casomai, espandersi ai player mediorientali, per geopolitica e risorse fossili più affini ai loro modelli di sviluppo. Insomma un gruppo significativo, ma non alternativo. Soprattutto, non rappresentativo, da solo, del Global South. Ammesso che un minimo comune denominatore si possa trovare, questo sta nell'interesse a diversificare le opportunità politiche ed economiche, e non certo a far parte di un blocco cinese. La fluidità crea un ulteriore terreno di gioco nella competizione tra Cina e Stati Uniti. Più ancora dell'Europa, divisa e litigiosa ma pur sempre collocata in un chiaro sistema di alleanze, il mondo «non allineato» è un'ulteriore posta in palio nello scontro tra superpotenze.

Né Est né Ovest. La riscossa del Global South

Lo chiamavano «terzo mondo». Oggi non si usa più. E poi, è ancora così, numeri alla mano? L'India di Narendra Modi cresce di sei, sette punti percentuali di Pil all'anno. Nel 2030, secondo Standard and Poor's, sarà la terza economia del pianeta. Qualcosa non torna. Suona meglio «Global South», il Sud globale? Sembra una *self-fulfilling prophecy*, una delle tante «profezie» teoriche che ogni tanto si avverano da sole. Anche questa volta? Dopotutto cos'hanno in comune il Brasile e il Sudafrica, l'Ecuador e il Sudan, l'Egitto e la Nigeria? Cosa c'entra l'India, una nazione da un miliardo e mezzo di abitanti, con Vanuatu, una piccola isola nel Pacifico, che ne conta appena 300.000? Apparentemente nulla.

In realtà, qualcosa in comune c'è. Un filo sottile unisce questi Stati così lontani e diversi tra loro, spesso divisi da rivalità ancestrali. Votano insieme all'Onu. Si rifiutano di sanzionare la Russia per l'invasione dell'Ucraina. S'indignano per la devastazione della Striscia di Gaza compiuta dall'esercito israeliano. Attribuiscono all'Occidente la responsabilità del cambiamento climatico, del quale subiscono le conseguenze. Commerciano con l'Est e con l'Ovest, a seconda delle convenienze: il gas russo, gli investimenti cinesi, le garanzie di sicurezza americane e viceversa. Insieme, formano lo sconfinato e frastagliato fronte della comunità internazionale che non vuole scegliere fra Cina e Stati Uniti. O almeno, non definitivamente. Ha avuto tanti nomi, questa coalizione dai contorni incerti, che racchiude una parte molto grande della popolazione e del Pil mondiali. Discendente dei «non allineati» – le nazioni riunite nella Conferenza di Bandung del 1955 per sfuggire alla Cortina di ferro della Guerra fredda –, il Sud globale è una realtà a cui è difficile dare un volto. Non bastano i Brics da soli, né la geografia, perché, a dispetto del nome, nel Sud globale si riconoscono diverse nazioni ubicate a nord dell'equatore. I Paesi che ne fanno parte, in sostanza, sono accomunati dal tentativo di non mettersi in condizione di dover scegliere, tendenza propria di Stati apparentemente agli antipodi tra di loro. Una democrazia asiatica come la Corea del Sud è convintamente alleata dell'Occidente e vede la propria sicurezza meglio servita dall'alleanza americana; purtuttavia, non può permettersi di rinunciare agli ingenti scambi commerciali con l'ingombrante vicino cinese. Non troppo dissimile è il caso dell'Indonesia.

Di fatto questo insieme di nazioni «equilibriste», che camminano in bilico, rende più difficile separare il mondo in blocchi, mitiga il *decoupling*, rafforza le interdipendenze. Senza l'India di Modi, la deterrenza anticinese degli Stati Uniti nell'Indo-Pacifico perderebbe un tassello chiave. Ma senza le forniture militari della Russia di Putin, da cui dipende, l'India non è in grado di garantire alcuna deterrenza. E infatti si contano a centinaia le collaborazioni nel campo militare: si deve a una joint venture con aziende russe, per esempio, il missile da crociera BrahMos da tre tonnellate, 5 milioni di dollari ciascuno, esportato per miliardi, vanto delle forze armate indiane.

Asia, Africa, Sud America, gli «equilibristi» sono ovunque. Il Brasile di Luiz Inácio Lula da Silva ha condannato all'Onu l'aggressione russa dell'Ucraina. Si è ben guardato però dall'inviare armi e munizioni a Volodymyr Zelensky. Restare sul crinale, un escamotage per scongiurare rappresaglie da entrambe le parti. Lo stesso vale per la Turchia di Recep Tayyip Erdoğan. È su tutti i tavoli: alleato indispensabile nel fianco sud della Nato, mediatore nella guerra tra Mosca e Kiev, rivale di Israele nel conflitto in Palestina. E questo solo per limitarsi ai Paesi più grandi, meno ricattabili di tanti altri.

Ecco allora che i tratti del Sud globale iniziano a definirsi. È la dimensione di chi decide di volta in volta in quale campo stare, seguendo il parametro dell'opportunità. Se ne sentiamo parlare oggi è perché la frammentazione moltiplica le occasioni. Favorisce un risveglio, una ricerca di riscatto di quello che un tempo, con malcelato disdegno, l'Occidente chiamava «terzo mondo», di nazioni ricomprese, senza troppe distinzioni, nella categoria dei «Paesi in via di sviluppo». Un segnale è arrivato con la guerra in Ucraina. Un'epifania del *Rest*, il mondo sospeso tra Oriente e Occidente: fatta eccezione per le primissime votazioni all'Assemblea generale dell'Onu, dove l'ondata emotiva del 24 febbraio aveva fatto la differenza, gli Stati del Global South si sono presto schierati su una posizione neutrale, astenendosi sulle sanzioni. Diverse ragioni, un comune calcolo politico: nell'incertezza delle sorti del conflitto, hanno scommesso che la Russia, almeno nel breve-medio periodo, sarebbe rimasta una potenza stabile con la quale fare i conti e da sfruttare a proprio vantaggio.

Con troppa leggerezza l'Occidente ha accusato di «opportunismo» i Paesi che hanno scelto di non scegliere. Un errore, col senno di poi. Le guerre in Ucraina e in Medio Oriente e il dito puntato di Europa e Stati Uniti contro i non allineati hanno finito per rafforzare un pregiudizio diffuso: la sensazione di un doppiopesismo dell'Occidente di fronte ai conflitti che affliggono il mondo. Lacrime e sdegno per le vittime «occidentali» nei kibbutz israeliani, assassinate da Hamas; indifferenza o facili slogan, invece, davanti alle vittime civili a Gaza, pur esse stesse ostaggio dei terroristi, sotto le bombe israeliane. Strali per i crimini commessi dai soldati russi per le strade di Bucha; non una parola sulle vittime civili cadute in Iraq o in Afghanistan. Sono slogan, certo, utili alla propaganda, eppure fanno breccia nelle opinioni pubbliche del Sud globale, molto più di quanto immaginiamo. Queste accuse di doppio standard, peraltro mosse da Stati che fanno ancora i conti con un recente e doloroso passato coloniale, hanno scavato un solco con l'Occidente. Della guerra russa abbiamo detto, ma è due anni prima, con la pandemia da Covid-19, che il solco si è fatto molto più profondo.

Prese in contropiede dal virus, Europa e America hanno pensato a mettersi in sicurezza in una rincorsa frenetica per produrre i vaccini. Lasciando i Paesi in via di sviluppo, specialmente quelli africani, da soli a combattere una battaglia ad armi impari con l'emergenza sanitaria. Venne fatto un tentativo con Covax, il programma internazionale per l'accesso ai vaccini istituito sotto l'ombrello dell'Organizzazione mondiale della sanità (Oms) e di altri organismi sanitari, ma i risultati sono stati a dir poco deludenti. L'Occidente è arrivato primo nella corsa all'antidoto, grazie a una virtuosa sinergia tra ricerca, imprese e settore pubblico. Ha scelto di convivere con la pandemia, aprendosi, rispetto alle chiusure e limitazioni adottate dalle autocrazie. Ha rischiato e ha vinto. Ma, tagliato il traguardo, non ha condiviso il premio – o lo ha fatto solo in minima parte – con chi più di tutti ne aveva bisogno. Anzi, si è protetto a suon di copyright, e sono risultati vani i tentativi di chiedere all'Organizzazione internazionale del commercio una sospensione dei diritti di proprietà intellettuale su vaccini e medicine anti-Covid.

Anche da qui, lo sguardo del Global South ha preso spunto per rivolgersi altrove, alla Cina e alla Russia, alla spola di aerei cargo pieni di dosi di vaccini autoctoni, il Sinovac e lo Sputnik, atterrati in Etiopia, in Nigeria, in Sudafrica, nei Paesi latinoamericani. Pazienza se l'efficacia del siero russo e cinese è stata messa in dubbio da diverse istituzioni internazionali: per l'Occidente, lo smacco diplomatico era ormai cosa fatta. E il risentimento ha continuato a covare. È nelle parole riconoscenti del presidente sudafricano Cyril Ramaphosa, che ad agosto del 2023 accoglie Xi al vertice Brics di Johannesburg. Ancora prima, nel giugno del 2023 a Parigi, avvertiamo nitido lo stesso rancore in un discorso durissimo di fronte a Emmanuel Macron: nel 2021, «quando sono stati prodotti i primi vaccini anti-Covid, i sudafricani si sono sentiti come mendicanti» esordisce Ramaphosa. Poi l'accusa:

«I Paesi dell'Emisfero Nord hanno monopolizzato i vaccini, non hanno voluto metterli a disposizione quando ne avevamo più bisogno. E questo ha aggravato il disappunto e il risentimento da parte nostra, abbiamo percepito che la vita nell'Emisfero Nord è molto più importante della vita nel Sud globale».

È un'animosità che resiste e anzi cresce nel tempo, e tuttavia non ha ancora spinto il mondo dei non allineati nelle braccia dell'una o dell'altra potenza. Il Global South non sceglie un campo, gioca su più fronti. Se un tempo, durante la Guerra fredda, c'era un collante ideologico a unire i Paesi non allineati – il riscatto degli ultimi, la condanna del colonialismo, la richiesta di un posto al tavolo in un mondo conteso tra due colossi, Unione Sovietica e Stati Uniti –, oggi quel collante si è sciolto. Restano solo interessi contingenti, spesso contrastanti, fra i membri del «club». Insieme alla convinzione che questi interessi siano meglio serviti da un mondo a geometrie variabili.

Il mondo unipolare a guida americana, dopo la caduta del Muro, non è ricordato con simpatia da tanti Paesi in via di sviluppo, travolti dall'onda di instabilità portata in dote da quella stagione: le guerre nei Balcani, l'invasione dell'Afghanistan e dell'Iraq, il proliferare del terrorismo jihadista. Né, d'altra parte, il mondo dei non allineati aveva prosperato sotto l'ordine internazionale bipolare della Guerra fredda. Tutt'altro. La guerra è rimasta «fredda» perché non è sfociata in un conflitto nucleare tra americani e sovietici, ma per tanti Paesi del «terzo mondo» è stata fin troppo calda. Ha preso la forma di un proliferare di sanguinosi conflitti locali – da Panama all'Afghanistan – e di una guerra con risvolti più ampi in Vietnam. Ecco spiegate la ritrosia alle scelte di campo e, insieme, l'assenza di una vera governance univoca di questo mondo «terzo», che oggi rivendica il suo posto ai tavoli internazionali.

Non esiste infatti un leader del Sud globale, sebbene in tanti si propongano di guidarlo. Ci prova da tempo la Cina. Sotto le volte vetrate del palazzo dell'Onu a New York, i cinesi si ritrovano spesso a votare sulle grandi questioni internazionali insieme al Gruppo dei 77, la coalizione degli ex Paesi non allineati che oggi conta 134 membri. Un voto alla volta, Pechino ha accorciato le distanze con gli «equilibristi», sfruttando le armi a disposizione, in primo luogo le enormi risorse finanziarie investite nella Nuova Via della Seta che attraversa l'Asia e l'Africa e disegna geometrie alternative a quelle occidentali. In secondo luogo, le è riconosciuto il lavorio diplomatico profuso per allargare ai Paesi in via di sviluppo fori multilaterali di primissimo piano come la Shanghai Cooperation Organisation e il Brics+. E, ancora, la Cina si è attirata amicizie e gratitudine con la pressione esercitata per riformare in senso più rappresentativo le grandi istituzioni finanziarie mondiali, dal Fondo monetario internazionale (Fmi) alla Banca mondiale. Soprattutto, si è fatta alfiera dell'insistenza politica sui temi del multipolarismo, della non ingerenza, della globalizzazione, della convenienza, perseguiti anche con aiuti economici e finanziari notevoli, senza tanti complimenti in termini di condizionalità.

Sta funzionando? Solo in parte. Non che l'appello di Pechino non sia allettante e ben articolato, ma il gioco degli interessi, come abbiamo visto, non è mai univoco e non spinge necessariamente verso un ordine nuovo.

Tra chi si oppone e prospetta vie alternative c'è il caso dell'India, il più grande e ingombrante tra i membri del club. Non perché intenda accomodarsi in un ordine occidentale, ma certamente perché non ne vuole neppure uno a guida cinese. Meglio un mondo con più centri di potere e di influenza in equilibrio tra di loro, se e quando ci si arriverà.

La scommessa indiana

One Earth, one family, one future. Una terra, una famiglia, un futuro. È il messaggio che per settimane ha tappezzato strade, mura, scuole, municipi e hotel di Nuova Delhi. Poster e cartelloni, inframmezzati da gigantografie del premier Modi, hanno invaso la capitale indiana tirata a lucido in vista dell'evento più atteso: il summit G20, a settembre del 2023, ossia la grande occasione per dimostrare che l'India ha cambiato volto. Non più «un miliardo di bocche da sfamare», ma «una nazione di oltre un miliardo di menti sognanti e più di due miliardi di mani sapienti» spiega il presidente nelle interviste che precedono la passerella dei leader mondiali a Nuova Delhi. Biden, Macron e Meloni, Scholz e Sunak, molti leader dei Brics+. Ci sono tutti, o quasi. Manca Putin, assente forzato dalla guerra. Anche Xi dà forfait, segno che il summit indiano infastidisce Pechino. Al suo posto c'è il premier Li Qiang.

Per i cinesi è una vetrina scomoda, quella lucidata con cura dal governo indiano, perché certifica un nuovo ruolo sul palcoscenico internazionale dell'India, che ha saputo sfruttare abilmente i malumori verso l'unilateralismo americano e occidentale, così come l'insofferenza verso la Cina, con la Belt and Road Initiative in via di ridimensionamento e una più accentuata assertività nei rapporti commerciali. Allo stesso tempo, Nuova Delhi continua a rafforzare una partnership strategica con gli Stati Uniti e il Giappone che non ha paragoni nel Sud globale e che Pechino paventa, non senza motivo, come diretta a contenderle l'influenza nella regione. Un foro, il G20 indiano, che la leadership cinese sente di non poter orientare e dove non è disposta al ruolo del comprimario. E una conferma della potenziale rotta di collisione Delhi-Pechino, della quale occorre tenere conto e che incrina ulteriormente il Global South.

L'irresistibile ascesa della potenza indiana, che sa stare al tavolo con i grandi e al contempo apparecchiarlo per i più piccoli. Il Sud globale, appunto. Nella coreografia del G20 è racchiusa l'essenza stessa dell'ambizione di Modi. È lui – l'ex governatore del Gujarat, che ha scardinato le gerarchie del sistema politico indiano, che sul successo elettorale ha costruito intorno a sé un sistema di potere sconosciuto a tutti i suoi predecessori – l'uomo che si candida a guidare il «terzo mondo» verso la ribalta e a farsi portavoce di chi da sempre non ha voce nei più importanti consessi mondiali, come il

Consiglio di sicurezza dell'Onu, del quale da tempo l'India chiede di diventare membro permanente. Ricorre di continuo, nella sua retorica, il richiamo ai Paesi in via di sviluppo, che l'India può traghettare lontano dall'irrilevanza e dall'anonimato. Con la forza dell'esempio, non con la leva del ricatto, vale a dire dimostrando che il percorso seguito dalla più grande e popolosa democrazia del mondo, l'ascesa economica, lo sviluppo della formazione, della ricerca e delle tecnologie, gli investimenti nelle infrastrutture e nella digitalizzazione, promessi e mantenuti da Modi nel suo decennio al potere, hanno tracciato una via che altri possono percorrere. Anche il suo G20 è stato così: la condivisione di un percorso di sviluppo, addirittura lanciando un corridoio economico India-Medio Oriente-Europa in competizione con la Belt and Road cinese.

È una sfida, quella di prendere in mano il timone del Sud globale, che vede India e Cina su fronti opposti, con l'America spettatore interessato. Se simile è la volontà di leadership, diversi sono gli scopi. Tanto Pechino quanto Delhi stigmatizzano i limiti dell'ordine mondiale liberale a guida occidentale, così come contestano l'esclusione dei non allineati dalle decisioni che contano e la limitata possibilità di farsi sentire nei consessi dove quelle decisioni vengono prese. E tuttavia, se la Cina ha in mente un futuro primato mondiale, l'India vuole piuttosto proporsi come ponte tra l'Occidente e quel «terzo mondo» sul quale ritiene di poter influire, e a questo fine ha cominciato a giocare a tutto campo, a favorire lo sviluppo di un contesto pluricentrico, facendo leva sulla sua potenza demografica, il suo grande mercato, la forza della sua tecnologia, la sua influenza dovuta all'incisiva proiezione militare nella regione indo-pacifica, le sue alleanze. Rifiutando nel contempo la scelta della Russia – resa obbligata dalle conseguenze della guerra in Ucraina – di diventare, per sopravvivere, una potenza sussidiaria di Pechino.

Modi non cerca – almeno per ora – un nuovo ordine globale, preferisce impegnarsi per indirizzare e accompagnare gli eventi. Xi invece è convinto che la Cina possa costruire, per dirla con le sue parole, «una comunità dal comune destino» con il Sud del mondo, la rete di Stati che ancora rimangono sospesi, grazie alle enormi leve finanziarie cinesi e grazie, soprattutto, a una rimodulazione della Belt and Road Initiative. Nata con l'intento di estendere nel mondo le rotte commerciali e l'influenza politica del Dragone, la Nuova Via della

Seta è finita negli anni al centro di un dibattito acceso in Occidente e di una riconsiderazione da parte dei destinatari. Fin dall'inizio è stata ritenuta dagli Usa e da quasi tutti gli Stati europei una rete pericolosa, da allentare e recidere all'occorrenza; col tempo – al crescere del confronto tra le due superpotenze, ma anche di fronte ai limiti oggettivi di un progetto troppo onnicomprensivo perfino per i mezzi cinesi – l'iniziativa-bandiera di Xi ha però cambiato aspetto e missione. Oggi si rivolge soprattutto ai Paesi del Sud globale, proponendo investimenti e infrastrutture più mirati e circoscritti, attenuando per i beneficiari il prezzo di una lunga dipendenza politica e finanziaria da Pechino. È un cambio di prospettiva che diventa sempre più visibile nel Belt and Road Forum, la kermesse indetta periodicamente a Pechino per celebrare i progressi del piano infrastrutturale. Un tempo era gremita di leader europei, oggi in gran parte viene disertata dal mondo occidentale, Italia inclusa. Ma i cinesi ancora contano di attrarre la vasta platea degli indecisi.

La scommessa dell'India di Modi sui Paesi non allineati – in Africa, Sud America, Sudest asiatico – poggia su tutt'altre premesse. Diversamente dalla Cina, l'attivismo diplomatico indiano non mira alla costituzione di un blocco alternativo all'Occidente. L'India odierna si pensa e comporta come un Paese collocato nel Sud del mondo, ma con l'attenzione ben vigile verso l'Ovest. Non rinnega il legame con l'Occidente, rafforzato negli anni grazie a una crescita impressionante della cooperazione nel campo della sicurezza con gli Stati Uniti e i loro alleati asiatici e a una crescente apertura ai mercati di sbocco europei. E insieme rivendica il sistema nazionale policentrico – *One Earth, one family* – caro alla narrazione del Sud globale. Per questo, si ritrova spesso a costruire ponti con i Paesi non allineati assieme ai partner occidentali: con il Giappone nell'Indo-Pacifico, nei programmi di aiuto allo sviluppo in Sri Lanka e Bangladesh, o ancora con la Germania nell'Africa subsahariana.

Chi sta vincendo oggi la corsa tra India e Cina a rappresentare i non allineati e ad afferrare le redini del Sud del mondo? Il tempo lo dirà. Oggi è ancora la Cina a essere in vantaggio, anzitutto per la mole di risorse finanziarie e le garanzie di sicurezza che può mettere in campo, rivelatesi decisive per conquistare cuori e portafogli di decine di Paesi africani che hanno spalancato le porte alle aziende di Stato e alla manodopera a basso costo cinese, e che perciò sono via via scivolati nell'orbita politica di

Pechino. Aiuta in questo una retorica sempre più incendiaria contro l'Occidente e le «sue» istituzioni internazionali. *The West and the Rest*, noi contro di loro: è un messaggio potente, che fa breccia nelle opinioni pubbliche delle tante periferie del mondo molto più della critica sofisticata al sistema internazionale mossa dalla diplomazia indiana. È, per ora, una corsa impari, che risente del ritardo con il quale Delhi si è riaffacciata alla competizione nel Global South, né ha aiutato un decennio troppo concentrato sui temi della sicurezza, in cui l'India si è proposta come attore geopolitico rilevante per la deterrenza in chiave anticinese. Ne ha risentito la sua storica immagine come potenza «terza» fra Oriente e Occidente, e la Cina ne ha approfittato.

C'è, infine, un altro ostacolo per i piani di Modi. Il sistema indiano è segnato al suo interno da fragilità e contraddizioni profonde che neanche la personalità del leader, il nazionalismo hindu eretto a bussola della politica nazionale, il dibattito sulle libertà e la partecipazione sono riusciti a dissimulare. È la fragilità di un Paese che in casa come all'estero ha sempre fatto del pluralismo, della convivenza fra civiltà, religioni e costumi diversi la sua forza, ma che rischia oggi di dividersi a fronte di un'omologazione politica e religiosa forzata dall'alto, foriera di tensioni sociali. E poi, dietro la cortina della crescita del Pil e degli investimenti, persiste l'approfondirsi delle disparità di reddito tra Nord e Sud del Paese, del divario nelle condizioni sociali. Sono vulnerabilità troppo ingombranti per restare nascoste dietro ai cartelloni e alle gigantografie del G20. Ma si sa, le democrazie hanno bisogno di tempo. Mai sottovalutare le loro capacità di recupero.

L'Africa contesa

Il continente africano è un'altra regione in pieno riallineamento geopolitico. Con l'Occidente che perde posizioni nella competizione strategica con la Cina, ma anche con la Russia e i suoi mercenari, la Turchia, l'India, l'Arabia Saudita e perfino l'Iran. Influenza politica e militare, infrastrutture, commerci, minerali strategici e terre rare, terreni coltivabili, gestione dei traffici illeciti e dei flussi di esseri umani: sono questi, in diversa misura a seconda dei protagonisti, gli ingredienti del gioco. E ancora una volta l'iconografia ci aveva avvertito.

Bandiere russe. Sono spuntate ovunque, come

funghi. Sventolate da folle festanti di ragazzi in t-shirt, in piedi sulle auto e sui muretti di mattoni, appese ai lampioni. In Niger, nel Mali, nel Burkina Faso. Nelle ore della sommossa, mentre i militari marciavano a fucili spianati sui palazzi presidenziali per sovvertire i regimi dell'Africa saheliana e sostituirli con altri, più spietati e disfunzionali di prima, le cancellerie europee assistevano sconcertate a uno spettacolo che non si aspettavano, quello delle scalcinate piazze di Niamey e Bamako, dove una volta si celebrava la raggiunta indipendenza, che per ripicca antioccidentale si tingevano di bianco, blu e rosso, i colori di Mosca. Il volto di Vladimir Putin spuntava tra la folla, stampato su cartelloni di fortuna issati dai manifestanti.

Poi, il 5 marzo 2022, nel Palazzo di vetro dell'Onu a New York, i sospetti e i timori europei trovano conferma. È il giorno in cui la guerra russa in Ucraina atterra per la prima volta nell'emiciclo dell'Assemblea generale. Il momento della verità: chi condannerà l'invasione di Putin? Lo faranno in tanti, 141 Paesi. Ma è la parte gialla del tabellone, non quella verde, che fa sussultare i diplomatici a Washington e a Bruxelles. La metà dei trentacinque astenuti sono Stati africani. Alcuni con rapporti solidissimi, politici e commerciali, con l'Occidente che si vuole compatto contro Putin: Sudafrica e Senegal, Algeria e Tanzania. In diciassette si rifiutano di puntare il dito contro Mosca. Un altro Stato africano, l'Eritrea, addirittura plaude all'invasione voluta dal Cremlino, e vota a favore. C'è in quel tabellone un segnale preoccupante per noi. La conferma di un'Africa che, come e più del resto del Sud globale, è rimasta troppo a lungo ai margini dell'ordine internazionale a guida occidentale. E oggi gli riconosce sempre meno legittimità, preferisce non fare una scelta di campo e restare nel migliore dei casi neutrale, lasciarsi aperte tutte le porte. Anche di fronte al massacro russo in Ucraina. Anche davanti alle istantanee dei crimini dell'esercito russo a Bucha, alle porte di Kiev, che poco dopo faranno il giro del mondo.

«Ipocrisia»: così il presidente francese Emmanuel Macron, in un viaggio in Camerun dell'estate 2022, chiama la ritrosia dei leader africani a condannare l'invasione, a «chiamare una guerra col suo nome e dire chi l'ha iniziata». Uno sfogo che tradisce la difficoltà dell'Europa nel leggere la realtà africana. Possiamo dare per scontato che l'Africa rispetti per filo e per segno un ordine internazionale in cui da tempo non si rispecchia? E in cui ancora oggi è gravemente sottorappresentata, come dimostra la richiesta, inascoltata, di un seggio africano al Consiglio di sicurezza dell'Onu? Sono domande lecite, troppo a lungo rimaste sullo sfondo nelle discussioni occidentali sull'Africa e il suo sviluppo. L'assenza di risposte aiuta a capire perché, fra i ranghi del Global South, è soprattutto in Africa che fa breccia la narrazione di un Occidente ipocrita, dei doppi standard europei. È qui che il terzaforzismo tipico dei non allineati – la scelta di stare sempre fuori dalla contesa e seguire solo il criterio della convenienza – può prendere una piega diversa e trasformarsi in aperto sostegno a potenze alternative: Russia, Cina, Stati del Golfo. Mentre l'Occidente batte in ritirata – allenta la presenza militare e securitaria, lascia incrinarsi i rapporti diplomatici –, le instabilità e le crisi che ovunque scuotono il continente africano aprono spazi da riempire. Spianano la strada al commercio di armi di Mosca, ai mercenari russi della brigata Wagner che presidiano i regimi golpisti del Sahel. Creano opportunità per le aziende cinesi: gli accordi commerciali, l'importazione di manodopera.

Una parte di questa instabilità è un effetto collaterale di guerre e conflitti scatenati in altre regioni del mondo, a cui il Sud globale guarda con sospetto: la guerra americana in Iraq e l'intervento russo in Siria, poi lo Stato islamico e i miliziani jihadisti, che come un virus si sono espansi nell'Africa saheliana e hanno fatto proseliti in Mali, Ciad, Burkina Faso, Niger, con focolai che ora minacciano di estendersi verso gran parte dell'Africa. In particolare in quella subsahariana e nel golfo di Guinea, dov'è più accentuato il flagello del cambiamento climatico e dove le frontiere sono più incerte. E poi in Africa orientale, dove i movimenti estremisti si sono compattati in un'organizzazione terroristica potente e radicata come Al-Shabaab in Somalia, Mozambico, Kenya, e Boko Haram in Nigeria. E poi, ancora, spicca la lunga catena di colpi di Stato che negli ultimi anni ha bruscamente riscritto la geografia politica del Sahel, dando vita a un vero e proprio «corridoio dei golpe» da ovest a est, dalla Guinea al Sudan. A moltiplicarli è stata la scia delle crisi economiche – l'inflazione, il debito sovrano – e li hanno resi più acuti le catastrofi naturali dovute al cambiamento climatico. Alcuni erano trainati dalla reazione alla violenza di gruppi estremisti islamici, com'è accaduto in Mali e in Burkina Faso. Altri hanno preso le mosse da lotte intestine tra vertici politici e militari, come in Guinea, Gabon, Ciad e Niger.

Sarebbe un errore fare di tutta l'erba un fascio,

banalizzare dinamiche che soprattutto in Africa sono sempre complesse e dovute a fattori diversissimi. Un dato comune però c'è, in questa scia di sconvolgimenti geopolitici: il crescente sostegno popolare alle giunte militari che via via prendono il potere. È il segno preoccupante di un disincanto diffuso, in questa parte di mondo, per la resilienza della democrazia e dello Stato di diritto. Che sono i valori dell'Occidente, identificato dunque con il lato debole e corrotto dei governi legittimi. Si spiega così la corsa di Russia e Cina per piazzare bandierine nel continente, con le rispettive strategie di potenza e controllo sulle rotte del Mediterraneo e di dipendenza da instaurarsi nel tempo.

E l'Europa? Non sta al passo. Anzi, in alcuni casi batte in ritirata, come hanno mostrato il precipitoso ritiro delle truppe francesi dagli scenari di crisi nel Sahel e l'assenza di una vera iniziativa europea per garantire la stabilità nel corridoio dei golpe. Sono due i nodi principali che le diplomazie europee non sembrano riuscire a sciogliere. Uno è di prospettiva e l'altro di metodo. Il primo: siamo abituati a declinare la «questione africana» in chiave soprattutto emergenziale, vale a dire che ne affrontiamo i problemi – il terrorismo jihadista, lo sfruttamento delle risorse, i flussi migratori – solo quando bussano anche alla nostra porta. Mancano una visione olistica, d'insieme e una vera pianificazione non solo contingente. Altri, molto più spregiudicati, occupano gli spazi che lasciamo liberi e ne traggono vantaggio, spesso scaricando le conseguenze su di noi.

Il secondo nodo è la carenza di pragmatismo, a cui fa da contraltare l'insistenza nel voler riproporre in Africa modelli che non possono funzionare al di fuori del mondo occidentale. «Condizionalità»: ecco la parola che più di tutte fa venire l'orticaria ai leader africani quando siedono al tavolo con i grandi d'Europa. Non c'è finanziamento, cooperazione commerciale o di sicurezza di uno Stato europeo che non la contenga. Clausole di ogni genere come precondizione perché la collaborazione possa svilupparsi. Il rispetto dei diritti umani. Le riforme economiche e sociali. La lotta alla corruzione, l'indipendenza del sistema giudiziario. O ancora, la tutela dell'ambiente e della biodiversità. Intendiamoci: cause sacrosante. Ma spesso decontestualizzate e ridotte a lacciuoli legali e formule di maniera, a cui appendere l'intesa politica con gli Stati africani. È un problema e iniziamo solo oggi, in ritardo, ad accorgercene. Alle orecchie dei capi di Stato e di governo africani tutte queste «condizionalità» suonano come imposizioni, peraltro intrise di una lezione morale poco praticabile: se volete lavorare con noi, dovete diventare come noi.

Si deve anche a questo approccio, ai nodi irrisolti, la tendenza dei partner africani a guardare altrove, agli investimenti cinesi e sauditi, cioè di potenze che non vanno troppo per il sottile né legano i loro aiuti al rispetto dello Stato di diritto. Proprio come la Russia, che vende armi a dittatori e golpisti senza farsi scrupoli. Bisogna seguire l'esempio di Mosca e Pechino? Certamente no, ma una via più pragmatica è l'unica percorribile. Il caso della Tunisia è eloquente: per mesi l'Europa ha cercato di trattare con Kaïs Saïed, l'eccentrico presidente tunisino a capo di un Paese divenuto epicentro dei traffici di migranti nel Mediterraneo. E più di una volta le richieste di Bruxelles sul rispetto delle minoranze e le riforme del lavoro, in un Paese che ragiona con categorie completamente diverse, hanno rischiato di far saltare il tavolo. Per il rais di Tunisi, come del resto per i tanti leader del Global South che abbiamo citato, sono consigli non richiesti o, peggio ancora, imposizioni di Stati occidentali che si atteggiano a detentori della verità.

Se non vogliamo, come Europa, indebolirci ulteriormente e subirne le conseguenze – potenzialmente dirompenti in termini di sicurezza e prosperità –, non possiamo non tenerne conto. Non possiamo, in altre parole, astenerci dall'incorporare in quegli atti di sintesi, che i governi compiono nel perseguimento degli interessi nazionali, anche elementi estranei alla nostra sensibilità. Questi non possono e non devono essere prevalenti, ma neppure sfuggire completamente al novero delle opzioni praticabili, se s'intende concludere accordi efficaci, perché basati sulla cointeressenza tra i contraenti. In questo senso è un esperimento interessante il Piano Mattei, la roadmap diplomatica inaugurata dal governo del presidente Meloni per tessere una rete di accordi di cooperazione con i Paesi africani nei campi più disparati, dall'energia, ai commerci, alla cultura, e intervenire così alla radice dei problemi. Sviluppando appunto le cointeressenze: qui c'è un'intuizione che a lungo è mancata nelle manovre europee, quella di trattare l'Africa come un'opportunità e non solo come un problema. D'inserirsi nei processi di sviluppo dei Paesi africani, di comune accordo con loro, su un piano paritario. Di affrontare le grandi questioni dello sviluppo, inclusa quella migratoria, senza spacchettarle, ma nel loro complesso. Di guardare, in particolare, ai flussi delle persone, senza ridurli a una questione di quote: chi accoglie chi, quanti migranti distribuire fra gli Stati europei. Del Piano Mattei italiano è corretta la premessa: i flussi non si fermano. Come ogni altra crisi – è la tesi di questo libro –, anche quella migratoria, al giorno d'oggi, si può solo mitigare e gestire. Il tema semmai è come farlo.

Le condizioni sono presto dette, ma complicate da adempiere. Per l'Italia, si tratta di continuare a battersi per portare sul tavolo di Bruxelles l'Africa come questione europea. Per l'Europa, di mobilitare risorse comuni e allentare i vincoli in eccesso. Con i nostri partner non europei – segnatamente quelli del G7, ma anche quelli del Golfo – c'è l'opportunità di ricercare e sviluppare l'interesse comune a collaborare. Il Piano Mattei nasce da queste consapevolezze. È un buon inizio, ma da soli non possiamo farcela. Riuscire nel disegno è d'altra parte il minimo per riprendere a contare.

Il bancomat del mondo

Abbiamo fotografato un mondo «in libera uscita», irrequieto e poco disposto a schierarsi. Un contesto senza regole, che offre ampi spazi agli interessi nazionali delle medie potenze. Le manovre, diverse tra di loro, di Russia e Cina per sottrarre l'Africa all'Europa. I calcoli sbagliati dell'Occidente, che arretra dal Global South e si riduce a spettatore.

Ma il campo di gioco non finisce qui. Manca chi ha saputo meglio di tutti volgere a proprio vantaggio il disordine mondiale. A stretto rigore, per lo straordinario volume di risorse e per l'amplissima articolazione e pervasività delle relazioni, è difficile ricomprendere l'Arabia Saudita e le monarchie del Golfo nel Sud del mondo. Sta di fatto che più di tutti hanno fatto della cointeressenza e del *free riding*, caro ai Paesi del Sud globale, la bussola della propria diplomazia. Aggiungendo con il tempo, alla penetrazione economico-finanziaria, un'assertività politica e un'ambizione d'influire sulle situazioni sempre più accentuate e non alla portata di molti altri. Lo scenario in cui ciò avviene riguarda soprattutto la regione del Mediterraneo allargato, come pure l'Africa e l'America Latina.

È un fenomeno relativamente recente. Fino a una quindicina di anni fa, Paesi come l'Arabia Saudita, gli Emirati Arabi Uniti, il Qatar non avevano la volontà politica di proiettare così lontano la propria influenza. Usavano i loro mezzi finanziari per scaricare all'esterno dei propri confini ogni potenziale instabilità, mentre all'interno prevaleva la conservazione passiva dell'esistente. Finché una serie di variabili inattese ha cambiato questo quadro. Intanto, la crescita della potenza iraniana e l'ambizione di Teheran di dominare il mondo islamico, non solo sul fronte religioso (con il primato degli sciiti sui sunniti), ma anche su quello geopolitico, creando un cuneo territoriale sciita dall'Iran fino alle coste del Mediterraneo. Poi, il diffondersi del terrorismo jihadista, con le varie filiazioni di al-Qaida, fino all'ambizione di un nuovo Califfato, a guida dell'Isis sunnita, a cavallo tra Siria e Iraq.

Iran e jihadismo, due minacce esistenziali. Alle quali si accompagna il timore montante di venire travolti o dalla loro stessa «piazza», dall'opinione pubblica fomentata da sciiti e jihadisti, o da un conflitto militare con l'Iran. Si fa strada, dunque, un'idea diversa: assumere un ruolo politico, fare politica estera attiva, usare i mezzi ingenti a disposizione non più solo per allontanare i problemi, ma per risolverli. Magari creandone agli avversari.

Erano considerati dall'Occidente, non senza un velo di disprezzo, i «benzinai del mondo». Aprivano e chiudevano i rubinetti del petrolio, niente di più. Sono diventati il «bancomat del mondo» e hanno deciso di usare la capacità finanziaria per promuovere un'identità nuova e proiettare un'influenza politica in grado di competere con l'Occidente, come con la Cina. Entrando nei Brics+, ma alleandosi con Stati Uniti ed Europa quando occorre, o quando conviene.

Ci sono due punti di svolta da tenere a mente, per comprendere il nuovo protagonismo sulla scena internazionale delle monarchie del Golfo. Il primo: l'emergere di una nuova, giovane generazione di leader. A Riad, Mohammad bin Salman (MBS), principe ereditario, asceso al ruolo di sovrano assoluto. Intoccabile – visti i risultati brillanti della sua guida –, malgrado l'ombra sul regime dell'uccisione del giornalista dissidente Jamal Khashoggi. Ad Abu Dhabi, Mohammed bin Zayed (MBZ). In Qatar, lo sceicco Tamim bin Hamad Al Thani. La seconda svolta: il ruolo di leadership dell'Arabia Saudita.

Non è una primazia incontestata. Gli Stati del Golfo seguono ricette diverse e non nascondono la loro rivalità. Gli Emirati privilegiano il laicismo, si schierano risolutamente contro ogni forma di Islam politico, che invece il Qatar appoggia e sponsorizza. Stanno su sponde opposte nelle alleanze, per esempio in Libia: gli Emirati con l'Egitto a sostegno del generale Khalifa Haftar a Bengasi, i qatarini con i turchi in appoggio al governo di Tripoli. E gli esempi si moltiplicano: Corno d'Africa, Sudan, Gaza. Sempre su crinali diversi, fino all'emarginazione, in seno al Consiglio di cooperazione del Golfo (Gcc), del Qatar, circondato da un embargo difficile da sopportare, prezzo del suo eccesso di protagonismo e dell'appoggio agli islamisti. Poi, sono le dimensioni e il nuovo dinamismo del colosso saudita a imporsi. Non tanto da annichilire gli altri – e soprattutto gli Emirati, in perenne competizione –, ma quanto basta per imporre, con la mediazione kuwaitiana, la ricucitura e una parvenza di solidarietà. Eravamo nel 2021, dopo quattro anni di crisi. La scommessa di MBS cominciava a dare i suoi frutti.

Essa si basa su un ragionamento pragmatico, per certi versi geniale, al servizio del quale mette mezzi virtualmente illimitati. Il regno saudita – pur custode delle sacre moschee di Mecca e Medina – non può accontentarsi di nutrire l'Islam intransigente di matrice wahhabita. Di evitare il contagio, scaricando sui vicini le tensioni e gli estremismi, per non averli in casa propria. È pericoloso, si rischia l'implosione. Stare fermi, in un mondo in movimento, significa prestare il fianco agli attacchi: dalle scorribande nei propri confini del terrorismo sciita, alle incursioni degli Houthi – sciiti yemeniti, sostenuti dall'Iran – fino alla guerra in Yemen e alla divisione di quel Paese. Gli sciiti in armi ai confini sono una minaccia esistenziale alla quale Riad reagisce promuovendo una coalizione internazionale che però si rivela a rischio di impantanamento, imbelle sul terreno, ostaggio di un conflitto asimmetrico. Ragione in più per reagire, con cinico pragmatismo, con un'iniziativa in politica estera: «normalizzare» – sotto gli auspici di Cina, Oman e Iraq – i rapporti con l'Iran. Tu smetti di attaccarmi tramite i *proxy*, io ti allevio il peso delle sanzioni internazionali. Lo stesso sbrigativo realismo MBS mette in mostra in politica interna: nessuna concessione ai privilegi dinastici della sconfinata famiglia reale, nessun trattamento di favore al clero integralista. Funzionerà? Probabilmente sì, finché aumenteranno il credito internazionale e il pellegrinaggio incessante delle delegazioni straniere, anche occidentali, a Riad. Perfino il presidente Biden, gelido in partenza, si concede a sorrisi e strette di mano. MBS è essenziale per riprendere il filo della stabilizzazione mediorientale attraverso un'intesa con Israele.

Ed ecco il più recente salto di qualità. Un messaggio esplicito all'Occidente: preferite una monarchia claudicante, con un clero barbuto in cammino verso le moschee, con le donne segregate in casa, oppure una realtà che finanzia il vostro sviluppo, accoglie i vostri investimenti, politicamente neutra quanto basta? Il trionfo della cointeressenza. La risposta occidentale è fin troppo scontata ed entusiastica: un'apertura di credito senza praticamente limiti, in cambio di un portafoglio altrettanto aperto e capiente. E la promessa di un ruolo moderato e pacificatore nella regione.

La Vision 2030 del giovane principe diventa il veicolo di tutto questo. Per Riad è una causa esistenziale: dimostrare di essere non solo un Paese «normale», ma il cardine di un nuovo equilibrio. Non è più solo la diplomazia dei soldi, ora ci sono gli investimenti, la cultura, il commercio, il turismo, gli accordi di Abramo, la prospettiva di un Medio Oriente finalmente pacificato. Sullo sfondo – e questo è un messaggio che fa presa sul Global South e non solo –, l'idea di diventare una sorta di nuova Svizzera, il perno di un corridoio alternativo alla Via della Seta cinese, che dall'India passa per Riad e arriva nel Mediterraneo. Il materializzarsi del concetto di geografia funzionale descritto da Parag Khanna.

È una svolta che porta con sé anche degli eccessi. Anzitutto, il volume stesso delle risorse sul tavolo: talmente ingenti da fare – da sole – la differenza con qualsiasi avversario, in qualunque competizione. Poi, la transazionalità elevata a metodo di azione: senza più spirito di appartenenza e riducendo di molto, negli atti di sintesi che promuovono gli interessi nazionali, la dimensione valoriale. Infine, la vulnerabilità di alleanze e schieramenti retti finora da un comune sentire non codificato, che vacilla. Se il limitato e laterale esempio della candidatura, largamente vittoriosa, di Riad su Roma e Busan per ospitare l'Expo universale 2030 insegna qualcosa, è proprio questo: la fragilità dell'Europa, la prima a scomporsi in pezzi, davanti alla lusinga. In compagnia, poi, di altre aggregazioni di nazioni a ogni latitudine. Insomma, un contributo significativo a una sorta di bilateralizzazione, di *one-on-one*, delle relazioni internazionali, che complica una governance globale già precaria. Dove non mancano attori interessati ad alzare il livello delle tensioni e a speculare sull'instabilità.

5

I guastafeste

Chi sono i guastafeste? Leader che non si riconoscono nell'ordine internazionale, non s'illudono – come Xi – di guidarne prima o poi uno alternativo, anzi trovano conveniente cavalcare l'instabilità per contare. In un ordine bipolare avrebbero poco spazio. Nel mondo frammentato di oggi, prosperano. Alcuni – come Putin, gli ayatollah iraniani, il nordcoreano Kim Jong-un – la destabilizzazione la fomentano attivamente. Per altri – il turco Erdoğan, i sauditi, le monarchie del Golfo – l'incertezza internazionale è un dato del paesaggio, che consente loro di giocare con disinvoltura le proprie carte. Li accomunano la razionalità e la sintesi lucida degli interessi in gioco che motivano le loro decisioni. A volte sbagliano i calcoli, ma non agiscono d'istinto.

Per Putin, le parole contano

Quanto la psiche, il carattere, l'indole di un leader lascino il segno sul corso della storia di un Paese e di un popolo è oggetto di accese discussioni tra gli esperti di politica internazionale. Chi negli anni ha osservato da vicino il carattere e l'indole di Vladimir Putin è convinto però che un giorno in particolare abbia lasciato in lui un segno profondo: Bruxelles, 25 marzo 2014. Sul palco della sala congressi del Palais des Beaux-Arts, Barack Obama tiene un discorso accorato di fronte ai leader europei riuniti a conclave. Il momento è grave. Putin ha fatto la sua mossa in Ucraina. La rivoluzione di piazza Maidan a Kiev contro il regime filorusso di Viktor Yanukovych è stata soffocata nel sangue, dai tetti i cecchini sparano sui manifestanti. Da settimane gli «omini verdi» hanno invaso in armi la Crimea: è l'esercito russo, ma ha lasciato a Mosca mostrine e bandiere. Obama a Bruxelles parla con toni da statista. E si rivolge direttamente allo zar del Cremlino: «La Russia? Oggi è solo una potenza regionale, che cerca di minacciare i suoi vicini, partendo da una posizione di debolezza, non di forza». Altro che minaccia per l'Occidente, l'Europa, la Nato. «Il fatto che la Russia si sia spinta a invadere un territorio sovrano, violando le leggi internazionali, dimostra minore, non maggiore potenza» rincara il presidente americano. Il discorso torna più volte sul punto. La Russia è una minaccia, certo, ma l'aggressione ordinata da Putin tradisce la fragilità del sistema di potere russo e prova la sua irrilevanza nelle dinamiche globali.

Il messaggio lanciato da Obama in Belgio fa sussultare le cancellerie europee. A Mosca viene accolto da una furibonda campagna dei media di Stato. Una «potenza regionale»? La Russia di Pietro il Grande e Alessandro I, di Lenin e Stalin, un Paese attraversato da nove fusi orari, dal Baltico al Mar del Giappone? Non sappiamo con certezza che ruolo abbia giocato il discorso di Bruxelles nelle manovre destabilizzanti che di lì a poco Putin avrebbe avviato in tante regioni del mondo, una volta chiusa provvisoriamente la pratica ucraina: dal Medio Oriente, al Mediterraneo, all'Africa, fino alle interferenze nelle elezioni presidenziali americane del 2016. Sappiamo però una cosa: quelle parole di Obama hanno influito profondamente sull'immaginario del Cremlino. Sono diventate un pungolo, come attesta il loro ritornare di continuo nei discorsi dei suoi leader. «È una grave mancanza di rispetto» sarà la risposta di Putin in un'intervista alla «Bild» due anni dopo, nel gennaio del 2016. «Obama è convinto che l'America sia una nazione unica ed eccezionale: non sono d'accordo.»

«Interferenze russe alle urne?» dirà qualche mese più tardi con tono canzonatorio il ministro degli Esteri russo Sergej Lavrov, intervistato dalla Cnn a ridosso del voto che avrebbe consegnato l'America a Trump. «È certamente lusinghiero ricevere accuse di questo tenore per la Russia, che è solo una potenza regionale.»

C'è una verità scomoda per il Cremlino, in quell'uscita di Obama. Fa emergere con tutta evidenza che la sconfitta dell'Urss nella Guerra fredda non è rimediabile, che la Russia non può più ambire allo status di superpotenza al pari degli Stati Uniti, che deve sottomettersi a un ordine nel quale non si riconosce e in cui non vede vantaggi. Il rancore che covava dalla caduta del Muro di Berlino non poteva non tradursi in una qualche esibizione di potenza: non è solo una questione di ambizione e prestigio, è un modo per tenere compatta l'opinione pubblica attorno al nazionalismo pan-russo, un mezzo per evitare alla lunga la compromissione del regime. La Russia è una grande potenza o non è, con buona pace dei dibattiti sulle vere o presunte provocazioni dell'Occidente e della Nato ai suoi confini. La Russia, una «potenza regionale», nel 2014 e ancora oggi, malgrado l'invasione dell'Ucraina? Per Putin è una verità difficile da digerire, ma non solo per attitudine psicologica. Per interesse preciso. E casomai è stato l'Occidente a illudersi che questo interesse fosse conciliabile con la prospettiva di una prosperità condivisa. È stata abile la Cina a fare subito il punto con Mosca: l'Occidente non può perseguire i propri interessi nell'area russofona senza fare i conti con una superpotenza come la Russia. Un monito a salvaguardia anche degli interessi cinesi nell'Indo-Pacifico.

La tendenza a proiettare potenza si ritrova in molti. Dittatori, autocrati, teocrati. Come il coreano Kim Jong-un, che lancia missili balistici nel Mar del Giappone per perpetuare il suo potere, o gli ayatollah iraniani, intenti a consolidare un asse d'influenza sciita antioccidentale da Teheran al Mediterraneo. Le cointeressenze tra Mosca, Teheran e Pyongyang sono diventate naturali: non sono cementate dall'ideologia, pulsioni antioccidentali a parte, bensì rappresentano rifornimenti militari per la Russia e meno dipendenza da Pechino, tecnologia per la Corea del Nord, aggiramento delle sanzioni per l'Iran.

Ecco i «guastafeste» della comunità internazionale. Per nulla disposti a restare a guardare, mentre Stati Uniti e Cina, Sparta e Atene, si contendono il primato globale nella corsa agli armamenti, nell'innovazione, nella tecnologia green. Ma non hanno nemmeno alcuna voglia d'integrare i ranghi del Sud globale, fatto da una pluralità scoordinata di Paesi, accomunati tuttavia dall'interesse per un mondo più stabile e ordinato, che non li esponga ai venti dell'incertezza e non li obblighi a scegliere.

I guastafeste hanno oggi un'occasione, più di ieri. Mentre svanisce del tutto l'illusione di un ordine unipolare a guida americana, così come si allontana l'idea di un mondo bipolare dominato dalla sola competizione tra Cina e Stati Uniti, si rafforza invece una tendenza opposta. La tendenza al pulviscolo, alla frammentazione, esacerbata dalla pandemia, dalla deglobalizzazione imposta dal virus, così come dalla guerra in Ucraina che rende più cruento e ideologico lo scontro tra democrazie occidentali e autocrazie revisioniste. È in questo contesto che i guastafeste prendono coraggio e decidono di sfidare l'ordine costituito. Come Putin, il 24 febbraio 2022. O come l'Iran e Hamas, il 7 ottobre 2023.

L'azzardo dello zar

Prendiamo la guerra in Ucraina, il *blitzkrieg* che avevano immaginato al Cremlino, convinti che sarebbe stata una passeggiata armata verso Kiev di qualche giorno al massimo. Osservata con il grandangolo, l'invasione ordinata da Mosca appare in effetti proprio come la scommessa di una potenza regionale che vuole dimostrare al mondo di non essere tale. Di poter riscrivere confini e carte geografiche a suo piacimento.

A chi ha guastato la festa Putin il 24 febbraio 2022? Anzitutto agli Stati Uniti, il grande rivale. L'«operazione militare speciale» di Mosca ha interrotto una tendenza di lungo corso della politica estera americana, trasversale alle appartenenze politiche di chi comanda alla Casa Bianca o al Congresso. Vale a dire, la tendenza di un'America che si attrezza a muoversi in un ordine internazionale bipolare, dominato dalla competizione strategica con la Cina. A dare priorità a uno scacchiere, quello indo-pacifico, su cui concentrare tutte le forze. E a lasciare indietro l'Europa e il Mediterraneo allargato, nell'illusione che nel Vecchio Continente la guerra guerreggiata del XX secolo non sarebbe tornata. E che la «potenza regionale» russa, riecco la previsione di Obama, non sarebbe più stata una potenza sistemica, come ai tempi della Guerra fredda: meglio prepararsi allo scontro con la Cina migliaia di chilometri più in là, nelle acque intorno a Taiwan. E che Putin, il dittatore «domato» dalla storia, avrebbe infine accettato docilmente un ordine internazionale apparecchiato da altri, cercando di trarne qualche beneficio e accontentandosi delle leve a disposizione, come il ricatto energetico nei confronti dei partner europei, senza lanciarsi in una guerra impossibile e a rischio di trasformarsi in un pantano dai costi altissimi. Le cose sono andate in modo molto diverso. E questo calcolo sbagliato rischia ora di rallentare lo spostamento del *pivot* americano verso l'Asia.

D'altro canto, l'azzardo dello zar non ha guastato la «festa» solo a Washington. Anche la Cina di Xi – pur sollecita nel mettere il cappello su Mosca e che con Putin ha giurato amicizia «senza limiti», con un fraterno abbraccio a Pechino all'inaugurazione delle Olimpiadi invernali, pochi giorni prima dell'invasione dell'Ucraina – ha dovuto rivedere i suoi piani. Nell'immediato l'azione russa, per come Putin l'aveva presentata ai cinesi, appare come un'opportunità per fiaccare l'ordine costituito, frenare le ambizioni dell'Alleanza atlantica e rallentare il riassetto strategico degli Stati Uniti in Asia, attenuando la pressione su Pechino. Non da ultimo, comporta la prospettiva di rendere la Russia politicamente più dipendente dalla Cina e farne sul piano economico un comodo fornitore di materie prime a prezzi convenienti.

A fronte della bontà delle premesse, tuttavia, la guerra si rivela presto per quello che è: un ostacolo per i piani di grandezza cinesi. Se Xi avesse saputo dall'inizio come sarebbe finito il *blitzkrieg* dell'amico Putin, avrebbe avuto di certo qualcosa da ridire. A conti fatti la scommessa russa – riannettere l'indomita Kiev alla «madrepatria», estendere i suoi confini e le sue armi fino alla frontiera con la Nato, contenere l'Occidente – è stata un boomerang. Infatti la lunga guerra e l'interminabile scia di sangue che si è lasciata dietro non hanno solo distratto gli Stati Uniti e minato l'ordine europeo, ma inoltre hanno accostato l'immagine di Xi agli autori del massacro di Bucha, creandogli un potenziale problema di credibilità. Hanno accentuato l'instabilità dell'ordine complessivo e hanno accorciato le catene di approvvigionamento, comprimendo la globalizzazione. E questo è un problema per una superpotenza come la Cina, che considera vitale il flusso di merci e servizi e che punta sui tempi lunghi, sicché ha bisogno, per ora almeno, di tenere in scacco l'Occidente, ma senza troppo destabilizzarlo.

Stati Uniti e Cina. L'alleato di ferro, il nemico giurato. In mezzo, Putin: il guastafeste. Il soprannome calza a pennello all'inquilino del Cremlino, a buon diritto il capofila dei leader che sanno di non poter ambire a un mondo a loro immagine e somiglianza e scelgono un'altra via, quella di terremotare l'ordine costituito e di minare la prospettiva di un assetto diverso; di proiettare influenza all'estero, esasperando gli scenari di crisi, per poi capitalizzare sul caos.

Putin lo aveva già fatto ben prima del 24 febbraio 2022: in Medio Oriente, nell'autunno del 2015, con le truppe inviate in Siria per blindare il fidatissimo Bashar al-Assad. E in Africa, con la lenta ma continua penetrazione fra le maglie larghe di Stati falliti o ribaltati da golpe militari attraverso la brigata Wagner, i mercenari di Evgenij Prigozhin: l'oligarca che si è avvicinato più di tutti al «sole» di Putin, lo ha seguito e soccorso nella guerra in Ucraina, ma poi ha osato sfidarlo, pagando con la vita. Libia, Mali, Siria, Ucraina, Georgia: non c'è solo tattica dietro all'avventurismo che per quasi trent'anni ha rappresentato la firma d'autore della politica estera di Putin. Spesso è stato un pretesto per distrarre il dibattito pubblico dai guai interni – la stagnazione economica, i divari sociali, la sicurezza – e tacitare ogni dissenso. Ma ha sempre fatto parte di una strategia di lungo termine – basata sull'interesse dominante di perpetuarsi, di contare, di lasciare un'eredità fatta di potenza –, che spiega la tentazione ritornante di far saltare in aria l'ordine, di fomentare il caos per poi andare all'incasso. A questo, diventa funzionale proiettare forza nel suo estero immediato, scardinare l'accerchiamento occidentale, condizionare gli scenari di crisi dove l'Occidente è più fragile con gli strumenti più diversi, dai migranti all'energia, ed estendere l'influenza russa fino ai mari caldi. Costi quello che costi.

L'invasione dell'Ucraina il 24 febbraio doveva essere il trionfo di questa strategia, il culmine di un disegno perseguito in tre decenni al Cremlino. È stata invece la vetta della *miscalculation*: un errore imperdonabile. Si è molto indagato sulle ragioni che hanno spinto Putin a muovere i carri armati su Kiev in quella gelida notte d'inverno, sugli abbagli che hanno convinto un leader sempre più isolato nella sua torre d'avorio a tentare lo scacco matto all'Occidente. Fra questi, un cruscotto di comando pieno di informazioni inesatte o riscritte ad hoc dai suoi collaboratori per non dare un dispiacere al capo. I tempi dell'operazione, la resistenza debole dei «fratelli» ucraini, la comune formazione militare di stampo sovietico dei quadri russi e ucraini che avrebbe potuto stimolare connivenze e rendere più semplice studiare le mosse avversarie. Pronostici smentiti, speranze deluse già nella prima settimana di combattimenti. L'amor proprio ucraino, il coraggio dei militari al fronte, la leadership inaspettata di Volodymyr Zelensky hanno frustrato l'obiettivo immediato di Putin: sostituire il governo in carica con uno Stato fantoccio. Poi lo hanno costretto a una lunga e dolorosissima guerra di logoramento. Sostenuta dall'Occidente, indisponibile a consentire all'invasore di prevalere sulla vittima.

C'è un'immagine che più di altre spiega l'abbaglio del leader nei giorni che precedono la guerra. E soprattutto mette in luce quel timore reverenziale degli alti ranghi dello Stato russo incombente dietro i consigli e i dati che hanno aggravato la sua miopia. È il 21 febbraio, tre giorni prima dell'invasione. Putin ha convocato al Cremlino i vertici degli apparati militari e dell'intelligence riuniti nel Consiglio di sicurezza. Dovrebbe essere un summit operativo, in realtà si trasforma in una conferenza stampa a favore di telecamere, con la quale il leader vuole anticipare al mondo le sue prossime mosse. Quando arriva il suo turno, si alza e si avvicina al microfono Sergej Naryshkin, ossia il potente capo dell'Svr – il servizio segreto esterno russo –, l'ingegnere di San Pietroburgo che ha scalato lo Stato profondo fino a diventare uno dei più potenti e fidati *siloviki* intorno al presidente. Non è lo stesso di sempre. Cammina con passo incerto, balbetta, s'interrompe. Rivolge di tanto in tanto uno sguardo intimorito al presidente russo, seduto a debita distanza dai suoi funzionari. Tra i «securocrati» di Putin, gli uomini ai vertici della sicurezza forgiati come lui nei ranghi dell'intelligence sovietica, Naryshkin è quello che nutre più dubbi sull'invasione ormai imminente. Li palesa al leader, come può. «Propongo di dare ai nostri partner occidentali un'ultima possibilità» esordisce in piedi nel salone di marmo bianco. Putin accenna un sorriso nervoso. Poi lo fulmina: «Sta suggerendo di iniziare a negoziare? O piuttosto che riconosceremo la sovranità delle repubbliche autonome di Luhansk e Donetsk?». «Sì, lo faremo» replica Naryshkin, ora visibilmente in difficoltà. «Parli chiaramente, Sergej! Dica sì o no! Sosterremo la loro autonomia?» «Sì, sostengo la proposta di annessione delle due repubbliche» chiude infine il capo degli 007, anticipando quel che sarebbe successo ventiquattro ore dopo.

È un episodio fra tanti, ma apre uno spaccato sul verticismo e la fragilità della catena di comando militare e politica a Mosca. Quella stessa catena smontata e rimontata da Putin durante la guerra, ora elevando un generale, ora invece esiliandolo. Un mese scommettendo su Sergej Surovikin, il «generale Armageddon» che si è guadagnato i galloni radendo al suolo senza pietà Aleppo e intere città in Siria. Un altro mese affidandosi a Valerij Gerasimov, il capo di stato maggiore che ha teorizzato la «guerra ibrida» contro l'Occidente. Prima appaltando la campagna militare a Prigozhin e alla sua Wagner, poi esiliandolo ed eliminandolo per aver alzato la testa e minacciato un golpe armato a Mosca.

Crepe al Cremlino?

Il metodo Putin ha dunque mostrato le sue falle. Quelle tattiche: una guerra lunga, di stampo novecentesco, con un prezzo altissimo in termini militari e di vite umane e un bottino modesto quanto a conquiste territoriali. Falle strategiche: l'indebolimento della postura russa sullo scacchiere internazionale, l'isolamento dalle economie avanzate e dalle tecnologie occidentali alla lunga assai dannoso, la perdita di clienti vantaggiosi per i propri prodotti energetici, il dispendio di enormi risorse economiche, tutte componenti che hanno infine costretto Mosca a restringere il suo raggio di azione e a ridimensionare la sua proiezione globale, dall'Africa al Medio Oriente. Su quest'ultimo piano, in particolare, si misura la *miscalculation* strategica russa rispetto ai risultati attesi. Dall'azzardo del 24 febbraio, il guastafeste Putin, il leader che vuole stare al tavolo dei grandi, esce indebolito. Oggi molto più di ieri la Russia è una potenza sussidiaria della Cina, sicché sarà sempre più costretta ad affidarsi all'avventurismo in politica estera, a prendere rischi per contare. Se le armi della cooperazione e della leadership sono spuntate, non restano che le crisi e i ricatti. Da quel 24 febbraio, la Russia assomiglia a un uomo che per farsi sentire deve continuamente gridare: prima o poi perderà la voce.

In effetti la voce di Putin e della Russia nel mondo ha già perso diversi decibel negli ultimi anni, specie in quegli scenari dove prima risuonava forte, autorevole. Basti pensare al Caucaso meridionale e al sanguinoso conflitto tra Azerbaigian e Armenia nel Nagorno-Karabakh, con gli armeni, orfani del soccorso russo, mai venuto meno in passato, costretti a cedere alle ragioni di Baku e alla sua offensiva armata a sorpresa nel settembre del 2023. Siamo nel «ventre molle» dei confini russi, vicino all'Iran. La Russia e i suoi *peacekeepers* nell'enclave non si muovono: ragioni di convenienza (tenersi buona la Turchia, utile mediatrice per l'Ucraina e sponsor degli azeri; salvaguardare, allo stesso tempo, il proficuo rapporto con Teheran, che accusa Baku di avere l'appoggio israeliano), ma anche debolezza e sovraesposizione verso lo scenario ucraino (l'Armenia, intuendole, aveva già cercato sponde a Washington). Sempre più afona, poi, nel suo estero vicino, storicamente l'area su cui la diplomazia russa ha più investito. Dieci, venti anni fa le repubbliche dell'Asia centrale, dal Kazakistan al Kirghizistan, già Stati satellite dell'Urss, mai avrebbero sognato di alzare la voce e la testa contro Mosca. Invece è successo con crescente frequenza, mentre la madrepatria era impegnata nello stillicidio ucraino. L'asse degli «stan», i sei Stati ex sovietici riuniti al tavolo dell'Organizzazione del trattato di sicurezza collettiva (Csto), ha iniziato a sfaldarsi lentamente, conteso tra un Occidente a caccia di risorse e materie prime e una Cina di cui i Paesi dell'Asia centrale non possono fare a meno.

Davvero eloquente è il caso del Kazakistan, la più influente e grande tra le repubbliche alleate di Mosca, ma protagonista di una vera e propria capriola strategica. Appena un mese prima dell'invasione dell'Ucraina, il presidente Kassym Zhomar Tokayev chiede a Putin d'intervenire con le sue truppe per sedare una insidiosa rivolta interna. I soldati russi vanno, soffocano le proteste e rientrano a stretto giro per ricongiungersi ai commilitoni già pronti e schierati al confine orientale ucraino. Di lì a poco lo scenario cambia. Man mano che la «guerra lampo» russa diventa una guerra di posizione, il kazako Tokayev inizia ad allentare i legami con Mosca. Nella capitale Astana s'infittisce la spola di leader stranieri che stringono ricchi accordi commerciali, acquistano petrolio e gas. Cinesi, ma anche molti capi di Stato e di governo europei. È l'immagine di un vicinato russo che dopo più di due anni di guerra, con la madrepatria indebolita e fiaccata dallo sforzo bellico, si mostra sempre più neutro e sempre meno alleato.

Altrove, la rete di Mosca perde pezzi. Succede in Medio Oriente. L'enorme sforzo bellico e l'impegno delle migliori unità dell'esercito nelle trincee del Donbass riducono lo spazio di manovra russo nel quadrante mediorientale. Putin può salvare il salvabile: il rapporto con il protetto Assad e la base navale di Tartus in Siria, un porto indispensabile per le manovre della flotta russa nel Mediterraneo; il rapporto con Erdoğan, il presidente turco uscito rafforzato dalla guerra in Ucraina grazie al ruolo di mediatore nella crisi del grano del Mar Nero. Anche in Africa il campo d'azione non è più lo stesso di prima. Fanno in parte eccezione i mercenari della Wagner, ricondotti forzatamente sotto il comando dello stato maggiore russo dopo il fallito golpe e la morte di Prigozhin. Ma sono poche migliaia, non sempre sufficienti a garantire a Mosca una continuità di accesso ai potentati locali, all'interno dei regimi golpisti, che hanno preso il potere spesso proprio grazie al loro sostegno.

Viene da chiedersi: e se Putin cadesse? Le autocrazie ci hanno abituato a franare di colpo, apparentemente senza segnali premonitori. Nel caso dello zar, tuttavia, a parte la mancanza di un chiaro successore, non si possono sottovalutare i fattori di stabilità. Al di là dell'esito predeterminato delle elezioni presidenziali di metà marzo del 2024, una dose di consenso popolare per il regime è ben presente. La tradizione monocratica, il sentimento della Russia profonda, la molla del nazionalismo sapientemente sfruttata dal Cremlino, il timore del cambiamento e delle ritorsioni, il controllo ferreo delle informazioni, la tattica di non spedire al fronte i figli delle famiglie borghesi più colte di Mosca e San Pietroburgo, giocano un ruolo importante.

Sopravvivono poi anche gli altri tre pilastri del putinismo: l'apparato di sicurezza, quello militare e quella parte non marginale di oligarchi che lucrano sull'economia di guerra. Il resto, che sia l'ammutinamento di Prigozhin o le voci dei dissidenti, che risuonano peraltro più all'estero che in patria, è soffocabile e influisce poco sugli eventi. La tragica morte in un gulag siberiano di Alexei Navalny ne è la conferma più recente. È nello stesso tempo un messaggio rivolto all'interno – ecco quel che succede a chi vuole sovvertire l'ordine costituito – e all'esterno: non ci riconosciamo nei valori che l'Occidente ci vuole imporre per sottometterci, andiamo avanti per la nostra strada. Ed è questa stessa baldanza – nel dramma – che è alla base della reazione dello zar al sanguinoso attentato del 22 marzo 2024 al Crocus City Hall di Mosca: non sarà un *game changer*, non metterà in crisi il Cremlino, malgrado dimostri che neppure il centro del potere è al riparo. Il terrorismo jihadista antirusso – l'onda lunga dell'Afghanistan, dell'Asia centrale e del Caucaso –, verosimilmente all'origine dell'azione, viene subito, strumentalmente, messo in rapporto con l'Ucraina. Per Putin non possono esserci che Kiev tra i mandanti e l'Occidente tra gli sponsor: due pretesti perfetti per motivare prima o poi una nuova offensiva, un'escalation per approfittare della debolezza ucraina sul campo e consolidarsi nel Donbass. In attesa che qualcuno convinca Zelensky a trattare. Mentre Mosca brucia.

L'Europa e il porcospino ucraino

Se la Russia piange, l'Europa non sorride. Il 24 febbraio 2022, il guastafeste Putin non ha solo imposto una battuta d'arresto ai piani di Cina e Stati Uniti. Anche l'Europa pagherà lo scotto. Intanto, con l'abbandono per il futuro prevedibile di ogni assetto di sicurezza condiviso e collaborativo sul continente: si prospetta invece una lunga fase di contrapposizione, una «nube tossica» difficilmente dissolvibile anche quando in Ucraina le armi dovessero a un certo punto tacere.

Il conflitto condizionerà a lungo gli scambi politici ed economici e le scelte europee. Nel frattempo ha già presentato un conto salato all'asse euro-atlantico: costa caro, perché costringe l'Unione europea e dunque anche l'Italia a un salto di qualità nelle spese per la difesa finora impensabile. Da un lato tornano stringenti gli impegni presi con la Nato, il vincolo del 2 per cento del Pil in spese militari. Ora che la Russia è tornata a rimettere in discussione la carta geografica europea, suona come una necessità oggettiva e non più come un'imposizione velleitaria di amministrazioni americane in ritiro dallo scenario europeo. Dall'altro, s'impone l'obbligo di trovare risorse per rimpiazzare armi e munizioni di cui i magazzini europei si sono privati per inviarle al fronte e sostenere la resistenza ucraina. E questo sforzo è destinato a continuare.

Ma la guerra impone oneri pesanti anche perché ha costretto l'Europa a una brusca sterzata nelle politiche energetiche. Venuto meno il «trittico» merkeliano – sicurezza appaltata all'America, mercati alla Cina, energia alla Russia –, si è reso necessario aprire nuove strade. Nel breve periodo, questo è già stato fatto con un importante colpo di reni della politica europea, che ha abbandonato le forniture russe e cercato altri partner energetici. Nel caso italiano: Algeria, Azerbaigian, Qatar. Più a medio-lungo termine, altri nodi verranno al pettine. Su tutti, il costo di una onerosissima transizione dalle fonti fossili alle rinnovabili, che rischia di far passare l'Europa dalla dipendenza dal gas russo a quella dalle tecnologie green cinesi, senza la possibilità di ammortizzarne gli effetti attraverso catene di approvvigionamento globali e collaborazioni internazionali che la guerra complica inevitabilmente.

La regola d'ingaggio di fondo, alla quale l'Occidente continua ad attenersi fin dall'inizio, è semplice: niente confronto diretto tra la Nato e la Russia. Nessuno vuole rischiare la guerra globale contro una potenza nucleare. E Putin corrobora questa tesi con le sue periodiche minacce. Ma così il conflitto si prolunga nel tempo, diventa d'attrito. Il rischio più insidioso sta nel possibile incrinarsi della compattezza europea. La stessa che invece, smentendo tanti profeti di sventura, si era fatta sentire di fronte alla crisi della pandemia con la decisione di rispondere a esigenze comuni con ricette comuni: il Next Generation Eu, i Pnrr nazionali, la sospensione delle regole stringenti del Patto di stabilità. Sul piano politico-militare, invece, i sintomi iniziano ad affiorare: molto dipenderà anche dall'atteggiamento che, con il passare dei mesi e l'avvicendarsi delle amministrazioni, assumeranno gli Stati Uniti. È chiaro che una presa di distanza americana dall'Ucraina lascerebbe gli europei – peraltro direttamente interessati alle sorti di una guerra che si combatte sul loro territorio – più soli e divisi di fronte alla responsabilità di come comportarsi con la Russia di Putin: continuare a sostenere Kiev a loro spese o porre fine alla guerra in qualche modo.

Sulla «fatica» occidentale, Putin aveva scommesso: la guerra lunga e logorante costringe i governi a fare i conti con mezzi, prospettive, opinioni pubbliche. Così, dopo lunghi mesi dall'invasione, accertate le difficoltà di una controffensiva ucraina per riconquistare i territori occupati senza i risultati attesi, l'onere di forniture militari da arsenali sempre più vuoti, il paradigma occidentale verso il Paese aggredito finisce per cambiare. Siamo passati dall'«aiutiamo gli ucraini a vincere» all'«aiutiamoli a mettersi in sicurezza». C'è un non detto in questa nuova formula, di cui si è consapevoli nelle capitali europee. Significa accettare implicitamente che quel circa 20 per cento di territorio ucraino occupato dalle truppe russe non tornerà indietro. Il punto è come conciliare questa constatazione con l'esigenza di non dare a Putin l'impressione di averla fatta franca, la confidenza in futuro di poter violare ancora i confini ucraini e quelli di altri Stati, la possibilità di vantare un successo. Si tratta di trovare il modo di costruire una deterrenza sufficiente perché questo non accada. È interesse degli europei. Dovrebbe esserlo anche delle amministrazioni americane, indipendentemente dal colore politico.

Ecco la nuova sfida che si apre. Come, resta da vedere. Sono diverse le strade per mettere in sicurezza gli ucraini. La prima, più scoscesa – perché potrebbe ingenerare un conflitto diretto con la Russia, attraverso il meccanismo dell'articolo 5 del Trattato dell'Alleanza atlantica, che imporrebbe la difesa del territorio ucraino –, passa per l'adesione di Kiev alla Nato. La seconda si può riassumere nella «teoria del porcospino»: armare l'Ucraina, un ago alla volta, perché diventi un boccone troppo indigesto per Mosca, qualora pensasse a nuove invasioni. È possibile che si trovi un compromesso tra le due vie, un mix di rafforzamento e percorso verso la Nato. Del resto, l'avvicinamento di Kiev all'Occidente e alle sue istituzioni, inclusa l'Ue, è un itinerario tracciato, indipendentemente dai tempi che ci vorranno. Una soluzione al nodo della sicurezza, così come la prospettiva euro-atlantica per l'Ucraina, sono componenti insostituibili di qualsiasi ipotesi di accomodamento del conflitto che possa risultare accettabile a Kiev.

E qui torna il tema degli interessi. Quello nostro, di non darla vinta all'aggressore con buona pace di ogni ordine costituito, di mettere un limite e scoraggiare efficacemente comportamenti russi che compromettano la nostra sicurezza. Quello di Putin, di trasformare una sconfitta strategica in una vittoria in termini di instabilità del continente europeo, di conquista della parte più redditizia dell'Ucraina, della messa in carico all'Occidente delle sue terre più povere e distrutte. Questi sono oggi i termini della questione, senza che sia alle viste una composizione soddisfacente per tutti. Ci convivremo a lungo, nell'auspicio che non finiscano per minare la compattezza transatlantica ed europea.

Iran e Medio Oriente: la sigaretta e la benzina

Un'altra mossa è stata concepita e attuata con una logica simile, quanto a calcolo d'interessi e volontà di contare, all'invasione russa dell'Ucraina. 24 febbraio 2022, 7 ottobre 2023. Cosa accomuna l'azzardo russo con il massacro di Hamas nei kibbutz al confine israeliano, che ha inferto a Tel Aviv un colpo esistenziale e ha di nuovo incendiato il Medio Oriente? Gli effetti di breve e medio termine si assomigliano. Come Putin ha ritrascinato gli Stati Uniti in un conflitto sul suolo europeo, che si credeva archiviato dalla storia, così l'Iran, attraverso Hamas, ha messo in crisi la strategia americana in Medio Oriente.

Almeno dal secondo mandato di Barack Obama, e poi con Donald Trump e Joe Biden, gli Stati Uniti hanno cercato di disimpegnarsi dalla regione mediorientale, affidandone la stabilizzazione a un riequilibrio tra le potenze locali. Obama, attraverso il tentativo fallimentare di recuperare l'Iran con gli accordi sul nucleare. Trump e Biden, con maggiore successo, per il tramite degli accordi di Abramo – la via dal basso, facendo leva sui commerci, il progresso economico, il turismo, la cultura –, finalizzati a normalizzare i rapporti tra Israele e i Paesi arabi moderati. Fino al tentativo più ambizioso: il riconoscimento di Israele da parte dell'Arabia Saudita, con la sostanziale stabilizzazione di segno occidentale del Medio Oriente che ne sarebbe derivata. Una linea coerente con il lungo e costoso disimpegno americano, con alterne vicende, dagli scenari di crisi, dall'Asia centrale alla Mezzaluna, dall'Afghanistan alla Siria e all'Iraq. Perseguita, soprattutto, con la vana speranza di togliere rilevanza, in nome del pragmatismo, a un fattore scomodo, la questione palestinese, facendone sfumare la valenza simbolica e irredentista nel contesto di una prosperità diffusa.

Ce n'era più che a sufficienza per contrapporre l'interesse occidentale e quello dei Paesi arabi moderati alla stabilizzazione a quello antitetico di Teheran e dei suoi *proxy* – Hamas, Hezbollah, Houthi – a impedirla per non perdere potere e influenza. I palestinesi e la loro causa sono di nuovo un pretesto, più che un vero obiettivo. Il 7 ottobre, infatti, il tempo si ferma. Si scatena il macello jihadista nei kibbutz di Be'eri, Nir Am, Kfar Aza, le donne e i bambini uccisi in un pogrom dell'orrore ripreso dalle bodycam dei miliziani. Le urla di gioia e poi di sgomento e di terrore dei giovani che danzano al ritmo del rave nel deserto del Negev, mentre i deltaplanisti di Hamas iniziano a prendere la mira con i mitra prima ancora di aver toccato terra. Poi la ritorsione israeliana, i bombardamenti a tappeto e l'invasione della Striscia, l'interminabile tragedia di Gaza, terra di nessuno. Sono istantanee che ricordano al mondo – soprattutto all'America – una verità sotto gli occhi di tutti: il Medio

Oriente non tornerà periferia. E la questione palestinese non si può semplicemente accantonare.

Ecco di nuovo l'ordine mondiale in subbuglio, le superpotenze americana e cinese costrette a rivedere i loro piani. C'è più di un guastafeste dietro il caos in cui è sprofondato il Medio Oriente, e con esso l'intera comunità internazionale, dopo il 7 ottobre. L'Iran è il primo indiziato. Nessuno aveva interesse a riaprire un conflitto a Gaza quanto Teheran: Israele è sconvolto e la sua prevedibile, legittima reazione ne compromette l'immagine internazionale; la normalizzazione con le monarchie sunnite è sospesa; Hamas si rappresenta come unico, autentico difensore del popolo palestinese; l'Autorità nazionale di Abbas in Cisgiordania è screditata; in definitiva, l'aggressione terrorista di Hamas punta a indebolire tutto l'Occidente.

C'è anche una ragione di matrice ideologico-religiosa dietro il sostegno finanziario e militare iraniano all'esercito jihadista di Yahya Sinwar, il nemico numero uno: un'intesa tra l'Arabia Saudita – il più grande rivale dell'Iran sciita e insieme la culla dei luoghi più sacri dell'Islam, la Mecca e Medina – e Israele smentirebbe clamorosamente una narrazione cara agli ayatollah. Quella secondo la quale non esiste convivenza possibile tra musulmani ed ebrei, né esiste convivenza possibile con lo Stato di Israele. Ma ridurre il gioco degli interessi a una crociata religiosa sarebbe ingenuo. La posta in palio è più alta, come diventa chiaro nei mesi che seguono il 7 ottobre. Mentre a Gaza infuria la guerra, ripartono le grandi manovre iraniane nella regione per mano dei pasdaran delle Guardie rivoluzionarie. L'obiettivo tattico è sempre lo stesso: proiettare potenza in Medio Oriente, fomentando instabilità negli scenari di crisi. Così anche la strategia: costruire una catena di Paesi sciiti che dall'Iran, passando per l'Iraq, la Siria e il Libano, estenda la sua sfera di azione fino al Mediterraneo.

Scoppiata la «guerra del Sukkot», così ribattezzata dalla festività ebraica interrotta dal massacro di Hamas a ottobre, Teheran muove le sue pedine nella regione. Mobilita uno a uno i suoi *proxy*, gli attori satellite che dipendono dall'autorità e dai finanziamenti delle Guardie rivoluzionarie. Nella «Mezzaluna» sciita si apre il fronte libanese: i pasdaran attivano Hezbollah, l'esercito-Stato di miliziani sciiti in Libano forte di quasi trentamila uomini e di un arsenale imponente di missili, che punta i fucili e i razzi verso la frontiera nord di Israele. Nel Mar Rosso, nello stretto di Bab el-Mandeb, varco verso Suez e il Mediterraneo, si apre invece il fronte degli Houthi. L'armata di combattenti yemeniti sostenuta dall'Iran inizia a terrorizzare i mercantili occidentali negli stretti dove passa almeno il 12 per cento del commercio globale, e si fregia della causa palestinese per scagliare sulle navi europee e americane droni e missili forniti da Teheran. Poi gli attacchi jihadisti alle basi Usa in Siria e Iraq, anche a rischio delle vite di soldati americani. Poi ancora il Pakistan, in risposta ad attacchi mirati israeliani tesi a eliminare esponenti jihadisti e loro mentori iraniani. Nel gennaio del 2024 una salva di missili balistici iraniani riduce in cenere un grosso edificio nel centro di Erbil, una delle più importanti città nordirachene, in zona curda. Un centro di comando delle spie israeliane del Mossad, questa è almeno la versione fornita da Teheran. L'attacco fa tremare il consolato americano di Erbil: per un soffio non finisce sotto tiro. Pochi giorni dopo, le vittime americane sono tre, in una base tra Giordania e Siria. Ciò pone a Washington il problema dell'entità della ritorsione: abbastanza forte da dissuadere, sufficientemente mirata da non allargare il conflitto. È il metodo iraniano, che la guerra del Sukkot esalta e amplifica: provocare e destabilizzare. Servirsi dei *proxy*. Tirare la corda. Salvo fermarsi un attimo prima che si spezzi. E porsi, specularmente agli americani, il tema di quanto reagire alle azioni israeliane che colpiscono jihadisti, ma anche esponenti delle forze di sicurezza iraniane.

Nonostante le minacce, le provocazioni, le manovre, alla fine l'Iran – come per altri versi Putin nell'Europa orientale – non ha interesse ad arrivare alle estreme conseguenze, fino a provocare un conflitto su larga scala in Medio Oriente. Non avrebbe la capacità di sostenerlo. Ha tutto da guadagnare dall'instabilità e tutto da perdere da una guerra. Certo è un metodo pericoloso, almeno per due motivi. Il primo: l'Iran non ha il pieno controllo dei suoi *proxy* in Medio Oriente. Basta osservare fin dove si sono spinti i ribelli Houthi in Yemen, prendendo di mira qualsiasi nave commerciale occidentale si aggirasse nei pressi del Mar Rosso. E costringendo Stati Uniti e Regno Unito a intervenire in armi e l'Europa a tutelare i traffici marittimi con una missione navale che ha ingrossato la flotta militare occidentale negli stretti, dalle coste dell'Africa orientale fino al golfo Persico: fregate, portaerei, cacciatorpediniere. L'Iran ne avrebbe volentieri fatto a meno.

Il secondo motivo è altrettanto semplice. Nonostante il progressivo ritiro delle forze americane dal quadrante, in Medio Oriente restano asset importantissimi degli Stati Uniti, a partire dal fatto che solo tra la Siria e l'Iraq sono stanziati nelle basi Usa più di tremila militari.

Di fatto, dunque, sta avvenendo una serie di conflitti con epicentro a Gaza, in fase di progressivo allargamento nella regione, con forti rischi di un'escalation che però ancora non ha avuto luogo. Frenata dal gioco delle cointeressenze. È come aggirarsi con una sigaretta accesa in un deposito di benzina. Finora la sigaretta non è caduta, ma basta un inciampo e il deposito salta in aria.

La partita degli interessi

C'è una differenza tra la guerra in Ucraina, destinata a promuovere un durevole stato di tensione e a riscrivere le priorità sull'asse Europa-Usa, e la nuova guerra in Medio Oriente, che potrebbe invece ingenerare una dinamica diversa. Vediamo perché. A oggi, la prospettiva di una coesistenza pacifica tra Israele e Palestina – la famosa soluzione dei «due Stati» –, così come quella fra israeliani e mondo sunnita, sembra lontana. Israele non si riprenderà facilmente dal trauma esistenziale subito a opera di Hamas. Né si può sperare di cancellare in fretta dagli occhi dell'opinione pubblica dei Paesi arabi le immagini delle migliaia di vittime civili inermi durante l'offensiva contro Hamas. Fattore che restringe a sua volta i margini di manovra dei governi arabi moderati, confrontati con la riprovazione delle loro piazze.

Netanyahu ha le sue colpe. Se con una forzatura possiamo includere il premier israeliano nella cerchia dei guastafeste dell'ordine internazionale, un motivo c'è. Nei suoi anni al potere, ha commesso più di un errore di sottovalutazione. Ha delegittimato qualsiasi interlocutore palestinese per dimostrare l'insostenibilità di ogni dialogo, si è affidato ai finanziamenti qatarini ad Hamas per favorire la pace sociale a Gaza, ha concesso ampi spazi alla politica dei *settlements* fino a sedimentare l'odio dei residenti palestinesi, togliendo qualunque credibilità all'Autorità nazionale palestinese (Anp). Ha cercato, in sostanza, di dimostrare nei fatti l'impercorribilità della soluzione dei due Stati e l'irrilevanza della questione palestinese, confidando nelle virtù taumaturgiche degli accordi di Abramo. Non è stata solo ideologia, perché l'interesse a cementare su quelle linee una coalizione di governo incentrata sui partiti nazionalisti e religiosi, con l'obiettivo di mantenersi al potere, ha avuto un ruolo chiave. Degli interessi iraniani e di Hamas si è detto, e il 7 ottobre ne è stato una dimostrazione lampante.

Resta, mentre scriviamo, una differenza tra l'agenda israeliana e quella della comunità internazionale. La prima – sempre più quella di Netanyahu – è incentrata prioritariamente sulla necessità di decapitare Hamas, ristabilire la deterrenza e mettere Gaza in sicurezza per impedire nuovi attacchi, poi salvare il maggior numero possibile di ostaggi. Prodromo di una guerra ancora lunga, malgrado il fortissimo prezzo reputazionale che costa a Israele. La seconda agenda, in cui prevalgono gli sforzi per far cessare la guerra al più presto, è concentrata anzitutto sulla liberazione degli ostaggi, sugli aspetti umanitari e le tregue, quindi sulla definizione dello status futuro di Gaza, salvaguardando la prospettiva dei due Stati. La sintesi tra le due agende è complessa e potrebbe dover passare da un cambio di governo in Israele, dall'uscita di Netanyahu e dall'emergere di una nuova leadership palestinese. Intanto, un modo per cercare di avvicinarle sta nella ricerca diplomatica di tregue più lunghe sul terreno, nell'afflusso degli aiuti umanitari, nello scambio tra ostaggi israeliani e prigionieri palestinesi. Un fattore importante per gli sviluppi della situazione sarà la modalità con la quale il governo israeliano continuerà la sua azione a Gaza: se sarà massiva e con ancora molte vittime civili, gli spazi si ridurranno; attività più mirate e di intelligence, invece, potrebbero ampliare gli spazi.

È da questo coacervo di interessi che scaturiranno le dinamiche future. Potranno essere influenzate dalla realpolitik più che dalle ideologie. L'esigenza israeliana di garantire la propria sicurezza, l'interesse palestinese a ottenere finalmente il riconoscimento di uno status e a tenere viva la prospettiva dei due Stati. L'interesse dell'Arabia Saudita a incrementare le forniture militari americane e a ottenere il via libera e le tecnologie per dotarsi di una propria capacità nucleare per uso civile. L'interesse iraniano ad allentare la morsa delle sanzioni e a migliorare la propria situazione economica, attenuando lo scontro con l'opinione pubblica per mantenere stabile il regime. L'interesse cinese alla stabilità dei flussi commerciali ed energetici e a non rischiare un conflitto globale incompatibile con le sue ambizioni di primato a lungo termine. L'interesse americano al disimpegno, da conciliare con l'impossibilità di abdicare al proprio ruolo – tuttora insostituibile – di «fornitore di sicurezza» per molte potenze regionali e di «promotore di riconoscimento e status» per i palestinesi. Sono, tutti questi, dei potenti fattori centripeti che rendono meno probabile una guerra regionale. Ove finissero per coincidere, sarebbero suscettibili di far evolvere in senso positivo la situazione complessiva.

Rischi mediterranei

Se il gioco degli interessi non fa escludere in Medio Oriente una dinamica di segno positivo – diversa da quella che i guastafeste hanno tentato d'innestare il 7 ottobre –, è nel Mediterraneo che le tensioni della guerra con Hamas e dell'invasione dell'Ucraina si scaricano con esiti imprevedibili. Ci costringono a riconsiderare l'immagine di un Mare Nostrum, di un'estensione naturale dell'Europa – e dell'Italia – permeata della nostra cultura e civiltà, di uno strumento per proiettare le nostre ambizioni di potenza. Oggi la realtà è ben diversa. A cominciare da un paradosso: il bacino del Mare si è fatto fisicamente più stretto, affollato com'è di flotte in competizione, di flussi di persone, di reti strategiche, di traffici, di conflitti locali, di estremismi jihadisti. E, nello stesso tempo, il Mediterraneo allargato è divenuto più ampio e rilevante per la geopolitica, snodo e ambito di interessi che vanno dalle coste atlantiche dell'Africa fino al Golfo e a lambire quelle indiane. E poi a nord verso l'Europa e nel sud saheliano e australe. Finendo insomma per coinvolgere equilibri regionali e globali, sotto gli occhi impotenti dell'Europa, che perde influenza e voce nel suo vicinato. Vi convivono rivalità tra alleati, membri della stessa Unione europea, ambizioni di potenze emergenti come la Turchia, volontà di contare e di affermare la propria visione contrapposta dell'Islam politico come tra Emirati e Qatar, pulsioni storiche della Russia verso i «mari caldi», esigenze di sicurezza contrapposte come quelle di Egitto, Iran e Israele, disparità di sviluppo destabilizzanti, rotte energetiche in contrapposizione. E poi una contraddizione di fondo, tuttora irrisolta e motivo di tensione: il desiderio americano, costantemente frustrato, di disimpegnarsi dalla regione, con quello cinese di consolidarvi nel tempo la sua influenza.

Le guerre in Ucraina e in Medio Oriente, e prima ancora la pandemia, hanno accentuato queste dinamiche e moltiplicato i rischi per la sicurezza e per l'economia. L'emergenza sanitaria ha ristretto gli approvvigionamenti e aumentato i rancori per i vaccini non affluiti ovunque con sufficiente rapidità. Ci si è messa poi la fatalità, quando una gigantesca nave cargo, la *Ever Given*, nel marzo del 2021, è rimasta incagliata di traverso nel canale di Suez, mostrando tutta la fragilità di questo snodo fondamentale del commercio mondiale, bloccato per alcuni giorni. È bastato per alterare i traffici marittimi globali e bruciare miliardi di dollari. La guerra in Medio Oriente ha accentuato queste vulnerabilità. Di nuovo il Mar Rosso, lo stretto di Bab el-Mandeb – in arabo, «la porta del lamento» – che sbocca a nord direttamente su Suez. E sul Mediterraneo, che diventa più stretto. Questa volta sono gli attacchi antioccidentali delle milizie sciite Houthi a far rincarare noli e assicurazioni, ad allungare le rotte, a escludere – quel che più conta per noi – i porti mediterranei dai commerci mondiali. Poi la guerra in Ucraina, la crisi del Mar Nero, il blocco dei porti ucraini, con Kiev all'affannosa ricerca di rotte alternative. Il ricatto di Putin, scandito di semestre in semestre, mentre in trincea si combatteva, di fermare le esportazioni del grano ucraino attraverso il Bosforo, già rallentate dal labirinto di mine sottomarine russe. Con un impatto immediato sulle rotte navali dirette in Africa, dove il grano di Russia e Ucraina fa la differenza tra la vita e la morte, lo sviluppo e la carestia. Con effetti destabilizzanti, in termini di movimenti di persone, anche per i Paesi europei.

Corsi e ricorsi di un Mare sempre più complicato, specchio di un mondo caotico, con nessuno al timone. L'Europa mostra segni di reazione. La missione navale europea «Aspides», per scoraggiare gli attacchi missilistici degli Houthi tra Suez e Bab el-Mandeb, è il segnale di un lento risveglio. La presa di coscienza che a noi, all'Europa e all'Italia, un Mediterraneo infiammato da guerre e rivendicazioni, minacce e ricatti presenta il conto più salato in termini di sicurezza costituisce a un tempo un progresso – una reazione militare, sia pure difensiva e con rigide regole d'ingaggio – e la riprova di una maturazione ancora incompiuta, della mancanza di una vera difesa europea, che impedisce di proiettare fin laggiù una credibile deterrenza militare.

Riescono, almeno in parte, ad assicurarla gli Stati Uniti. Ma bisogna tenere conto di tanti caveat. Se, infatti, gli americani possono ancora contare su una logistica e su asset militari senza eguali nella regione, si affievolisce la volontà politica di investirvi risorse e sforzi diplomatici. Non è più il cuore della sicurezza nazionale americana. Impegnata nell'escalation con la Cina nell'Indo-Pacifico, risucchiata suo malgrado da due guerre in quadranti che avrebbe voluto lentamente abbandonare, l'America è riluttante a fare da garante dei traffici e delle interconnessioni del Mediterraneo. Sono passati gli anni nei quali era strategico contenere le manovre sovietiche durante la Guerra fredda. Dobbiamo prenderne atto.

Siccome la geopolitica non conosce i vuoti, c'è chi ha saputo colmare lo spazio lasciato libero. La Cina, anzitutto, che vede nel Mediterraneo il terminale ideale della propria proiezione di potenza, un terreno spianato dal disinteresse americano, un campo aperto per lo sviluppo delle sue vie infrastrutturali economiche, per la sua scommessa di radicamento politico nella vasta area del Mediterraneo allargato, così come l'abbiamo definita. E soprattutto vi scorge il supporto della sua espansione in Africa, alla conquista di minerali, terre rare, terreni agricoli. Poi la Russia, potenza che maschera la debolezza con l'espansione dell'influenza: trova terreno fertile in Libia, nella Cirenaica di Haftar, dove ambisce a creare una base marittima, nei Paesi del Sahel, dove promette sicurezza e sostegno. Non fanno eccezione, come dicevamo, i Paesi del Golfo: Emirati Arabi Uniti, Qatar, Arabia Saudita, che spesso scaricano nell'area le proprie tensioni regionali e ideologiche.

E la Turchia? Difficile parlarne senza citare la Libia, vero e proprio esempio di occasione persa per l'Europa. Era cominciata nel 2011, come un'azione internazionale della quale si è molto discusso. Stati Uniti, Francia, Regno Unito. E anche, molto di malavoglia, l'Italia: difficilmente avremmo potuto dissociarci, mancando del peso economico e del ruolo politico della Germania merkeliana, che si astenne. Nato come un intervento sull'onda delle «primavere arabe», per evitare che Muammar Gheddafi compisse una strage a Bengasi, portò alla caduta sanguinosa di quel regime, senza che la comunità internazionale fosse minimamente preparata a gestirne le conseguenze. Ne scaturì un buco nero fatto di guerra civile, partizione di fatto del Paese tra Tripolitania e Cirenaica, campo libero per jihadisti e trafficanti di uomini. L'Unione europea non ha avuto un ruolo nella vicenda. Ostaggio della competizione italo-francese e nel disinteresse degli altri, si è limitata a occuparsi di aiuti umanitari e migrazioni. Italia e Francia ne sono uscite sconfitte entrambe: noi, perché per troppo tempo accodati a un'azione di mediazione delle Nazioni Unite perdente in partenza a causa dei contrasti tra gli Stati che avrebbero dovuto sostenerla; la Francia, per aver scommesso sul generale Haftar e sulle sue ambizioni frustrate di unificare il Paese. In Libia non si combatte praticamente più. Ci ritroviamo, tuttavia, con la Turchia che rinnova a Tripoli le sue ambizioni ottomane. E con la Russia che non vede l'ora di condizionare dalla Cirenaica l'Europa meridionale e il Sahel. Non ci resta che cercare di contenere i danni. Insomma, un groviglio di ambizioni politiche e operazioni militari senza soluzione di continuità. Alcuni sono più bravi di altri a sfruttare i vuoti, a capitalizzare sul caos senza sporcarsi le mani. La difesa comune europea non può valere solo verso est.

Le carte di Erdoğan

Dicevamo di Erdoğan. Un uomo, l'unico a parte il presidente degli Stati Uniti, che può rivendicare un ruolo centrale in entrambi gli scenari di crisi: l'Ucraina e il Medio Oriente. Recep Tayyip Erdoğan, il presidente turco, è un guastafeste? Non si è guadagnato questa reputazione sul campo? Ora in

Libia, ora invece nel Mar Nero e nella crisi ucraina, prima in Siria e poi nella guerra a Gaza? In verità non è proprio così.

Spieghiamoci meglio. I guastafeste prosperano sull'instabilità. La provocano di continuo per sedersi al tavolo e giocare le proprie carte. Erdoğan a ben vedere fa il contrario. Quando trova uno scenario di crisi punta a inserirsi e a capitalizzare sul caos. Si siede sempre a più tavoli e si alza all'ultimo dal tavolo meno conveniente. Gli aerei americani e i missili russi. Gli accordi di sicurezza con Israele e le intese sottobanco con Hamas. Un gioco a tutto campo.

Sono due le carte che hanno permesso a Erdoğan di perpetuare il suo potere per più di un ventennio. Da un lato il filo diretto con l'opinione pubblica turca. Non quella progressista delle grandi città, bensì quella della Turchia profonda. Un culto della persona puntualmente sottoposto al vaglio delle urne, permeato da un credo ideologico – l'Islam politico – che ha forgiato la «nuova» Turchia, sempre più lontana dalla Repubblica turca iper-laicizzata fondata dal «padre della patria» Atatürk negli anni Venti del secolo scorso. Accanto a questo, il sostegno della rampante classe imprenditoriale anatolica, nella Turchia dell'entroterra e degli altipiani, che ha sempre dato manforte al presidente e molto gli ha perdonato, anche in seguito ai ritardi e alle promesse mancate dopo il devastante terremoto del febbraio 2023. Dall'altro lato, la scommessa sulla politica estera dell'arbitraggio. Improntata a una regola aurea: essere ovunque e ovunque contare, senza abbandonare il malcelato desiderio di riportare la Turchia moderna sulle orme del vecchio Impero Ottomano, crocevia tra il Mediterraneo e l'Asia, nonché playmaker in Medio Oriente.

Questo equilibrio tra la ricerca del consenso interno e l'ambizione di contare all'esterno a un certo punto si rompe. O, meglio, si trasforma per adattarsi alle circostanze. È sul fronte economico che si è aperta la prima crepa. L'inflazione galoppante e il deprezzamento della lira turca – complici le politiche avventate imposte dal governo alla banca centrale e il rifiuto di alzare i tassi di interesse perché «l'Islam vieta l'usura» –, poi la bolla immobiliare e la compressione dei redditi medi che si abbatte sullo storico elettorato del sultano. Il miracolo turco, che all'inizio degli anni Duemila aveva spalancato le porte del Paese agli investitori internazionali, scricchiola un decennio dopo. Il consenso interno non si può più dare per scontato. Anzi, inizia a vacillare. L'onda lunga delle primavere arabe che negli anni Dieci del Duemila sconquassa gli equilibri di potere in Nord Africa, dall'Algeria all'Egitto, raggiunge infine la Turchia. Erdoğan, che in un primo momento ha creduto di poter capitalizzare sulle crisi locali, forte del rapporto con il movimento dei Fratelli musulmani che muove le fila delle rivolte, si ritrova invece a dover gestire gli effetti collaterali in casa. Le proteste di massa a Istanbul nel 2013, soffocate dagli arresti e dal pugno duro della polizia, segnano un prima e un dopo nell'era Erdoğan. L'inizio di un'involuzione.

Sul piano interno, invalgono la stretta autoritaria, lo screditamento dei partiti e della stampa di opposizione. Una morsa che si stringe notevolmente all'indomani del tentato golpe contro Erdoğan nell'estate del 2016. Un autoritarismo che fa leva sul sentimento nazionale, che Erdoğan continua a nutrire con coerenza – incurante delle crescenti difficoltà economiche – puntando sui valori islamici e il prestigio di una politica estera assertiva. Lo stato d'emergenza seguito al tentato colpo di Stato viene revocato nel luglio del 2018, ma già un anno prima, nell'aprile del 2017, il presidente aveva sottoposto a referendum popolare una nuova Costituzione intesa a prolungarne e rafforzarne il potere. La leva ideologica funziona ancora nelle elezioni politiche e presidenziali del maggio 2023. Ma le municipali di fine marzo del 2024 – tutte giocate sui temi dell'economia – assegnano le maggiori città, a cominciare da Istanbul e Ankara, all'opposizione, che vede una significativa affermazione elettorale. E potrebbero mettere in forse i piani del sultano, determinato a cambiare ancora la Costituzione per mantenersi al potere oltre la scadenza naturale del 2028.

All'esterno, la politica estera si fa più erratica, imprevedibile, per certi versi spregiudicata. Vacillano i suoi capisaldi storici. Fra tutti, l'equidistanza tra Oriente e Occidente che per decenni è stata motivo di vanto dei governi turchi e anche del primo Erdoğan. Se in casa e nel vicinato turco il leader si accredita sempre più come il riferimento mondiale dell'Islam politico, l'unico in grado di tenere testa all'«imperialismo» di stampo americano e occidentale, fuori casa inizia a sfidare l'ordine costituito. Una rivoluzione in politica estera, favorita forse da un'Europa che lo ha tenuto sempre fuori dalla porta. Anche con gli Stati Uniti e la Nato, di cui la Turchia resta un baluardo insostituibile, a presidio del fianco sudorientale, di tanto in tanto soffiano venti di burrasca. Si moltiplicano gli strappi. Come la decisione di Erdoğan di acquistare dalla Russia il sistema missilistico di difesa S-400, a cui segue la rappresaglia di Washington: escludere la Turchia dal programma F-35, i caccia più avanzati al mondo, sospendendo gli accordi miliardari già siglati.

In Medio Oriente e nel Mediterraneo orientale, invece, viene meno un altro pilastro strategico della diplomazia turca: avere «zero problemi» con i Paesi vicini. Le complicazioni aumentano. In Siria, il sostegno americano ai curdi delle Forze democratiche siriane nella guerra all'Isis allarga il solco fra Ankara e Washington. Anche nel Mediterraneo il gioco turco si fa pericoloso, incrinando i rapporti con un altro storico alleato, l'Unione europea: le manovre militari intorno a Cipro, le tensioni con la vicina Grecia, le dispute sempre più frequenti per contendersi i giacimenti energetici e il controllo dei fondali. La leva sui migranti, trattenuti a decine di migliaia nei campi profughi al confine con la Siria, in cambio di finanziamenti miliardari da Bruxelles. Senza contare la guerra in Libia, in cui la Turchia di Erdoğan si inserisce mettendo di fatto alla porta gli attori europei – Francia e Italia – e tratta con le autorità di Tripoli, ma resta vigile alle mosse del generale Haftar, padrone di Bengasi e della Cirenaica e tributario di Mosca e dell'Egitto.

Talvolta la spregiudicatezza del sultano funziona. Pensiamo alla guerra in Ucraina e alla mediazione chiave di Ankara nella crisi del grano del Mar Nero, che ha permesso ai mercantili carichi di cereali di attraversare il Bosforo e arrivare in Africa e ovunque nel Mediterraneo. O ancora alla durissima trattativa con la Nato sull'ingresso della Svezia: il via libera turco sarà ricambiato dagli Stati Uniti con la fornitura di aerei da combattimento F-16. Altre volte, Erdoğan gioca con il fuoco. Succede di continuo in Medio Oriente, dove frequenti sono gli incidenti sfiorati a causa dei bombardamenti turchi contro obiettivi curdi in Siria e in Iraq, che rischiano di coinvolgere le forze americane nella regione. Come nell'aprile del 2023, quando Erdoğan ordina di bombardare un aeroporto nel Kurdistan iracheno. L'obiettivo è Mazloum Abdi, il comandante delle forze curdo-siriane, un nemico giurato. Viene mancato di poco. Se i missili turchi avessero centrato la pista dell'aeroporto, sarebbero saltati in aria diversi soldati americani posti a scorta del comandante curdo. E chissà quanti altri missili mancati e aerei intercettati avrebbero potuto far traboccare il vaso in questi anni.

È sempre più una passeggiata sul filo. Finora il leader turco è riuscito a rimanere in equilibrio, a permettersi acrobazie un tempo impensabili, come il sostegno sempre più aperto ed esplicito ad Hamas contro l'ex alleato israeliano per ergersi a guida nella comune causa antisionista del mondo islamico e chetare un'opinione pubblica sempre più irrequieta sulla vicenda palestinese. Può farlo, perché ha in mano ottime carte: il presidio del fianco sudorientale della Nato, i canali aperti con Putin e con Zelensky, la mediazione nella guerra in Ucraina, l'arma dei migranti puntata sull'Europa.

Spettava agli europei bilanciare questi giri di valzer? Integrare per tempo la Turchia nell'Unione, per contenerne la tendenza al *free riding* in nome della comune convenienza? Probabilmente sì. Certo, la storia del rapporto tra Turchia e Ue è quella di un'eterna incompiuta. Le dimensioni ingenti, la popolazione folta, la concorrenzialità nelle produzioni industriali e agricole, la prospettiva di alterare gli equilibri nei finanziamenti sui Fondi strutturali, un senso avvertibile e reciproco – in un'epoca di radicalizzazione mondiale – di disomogeneità culturale. Poi il tema di Cipro divisa in due tra Repubblica turca del Nord che solo Ankara riconosce e parte europea, il conflitto strisciante con la Grecia, le rotte energetiche contestate, lo stop and go dei flussi migratori interrotto a caro prezzo per l'Europa, il tema del laicismo e dei diritti, specie con la stretta autoritaria dopo il fallito colpo di Stato del 2016 contro Erdoğan, l'ostruzionismo alla Svezia nella Nato: ce n'è abbastanza sul fronte europeo per frenare. Viceversa, dal lato turco, si avverte la crescente sensazione di un'Europa intrusiva, inaffidabile, dove i vantaggi vengono superati dai limiti e dalle pretese, da interfacciare à la carte quando serve, facendo per il resto da soli. Nessun progresso, nel futuro prevedibile.

Erdoğan è dunque un guastafeste? A ben vedere no. È un leader pragmatico, di un pragmatismo che spesso rasenta l'opportunismo. Prospera in un mondo senza regole e senza leader. Ma non cerca il caos, perché sa fare i conti. Sa che oggi la Turchia, a differenza della Russia, non può permettersi strappi con l'Occidente a cui rimane profondamente ancorata. Un matrimonio di mutua convenienza: la Nato non può fare a meno di Ankara, che contribuisce con il secondo più grande esercito dell'Alleanza e controlla il Bosforo. La Turchia non può fare a meno del sistema occidentale, dal momento che i suoi principali investitori esteri non sono russi né cinesi, ma americani ed europei insieme. E l'economia turca, con una lira sempre più svalutata e la crisi della classe media, avrà ancora bisogno delle istituzioni finanziarie internazionali occidentali. A partire dal Fondo monetario, che non ha sede a Pechino o a Mosca, ma sulle rive del Potomac. Il generoso sostegno del Qatar, da solo, non basta a sorreggere una proiezione strategica sempre più ambiziosa.

La scheggia Kim

Potremmo finire qui la rassegna. Se non fosse che all'elenco dei guastafeste manca un nome. Anzi, il nome. Per qualche anno l'Occidente lo ha ignorato, i media e gli analisti di casa nostra, distratti dalle crisi in Europa e in Medio Oriente, lo hanno snobbato. Si è adirato della disattenzione americana per il suo status. Eppure nessuno come lui ha il potere di far saltare in aria ogni ordine costituito. Letteralmente.

Che fine ha fatto Kim Jong-un? Lo ricordiamo ad Hanoi, in Vietnam, nel 2019. In piedi, con indosso il completo nero pece del nonno Kim Il-sung e lo sguardo vacuo, mentre stringe la mano a Trump. Era passato solo un anno dallo scenografico incontro con «The Donald» nella zona demilitarizzata del 38° parallelo, quando tutti credettero, o almeno sperarono, che una svolta fosse alle viste, che dopotutto la scommessa del presidente americano avrebbe pagato: una Corea del Nord pronta a normalizzare i rapporti con gli Stati Uniti e con la Corea del Sud. Finanche, un giorno, ad avviare la denuclearizzazione in cambio della progressiva eliminazione delle sanzioni internazionali. L'innegabile feeling tra i due lasciava ben sperare. Ad Hanoi, la realtà si era già incaricata di raffreddare le aspettative, fino a smentirle clamorosamente negli anni a seguire. Forse ci si era illusi da entrambe le parti. Trump, di ricondurlo nei ranghi. Kim, di ottenere il riconoscimento dello status nucleare in cambio di migliori rapporti con la Corea del Sud. Non è stato così.

Per Kim, come del resto per Xi Jinping, la pandemia da Covid-19 è un sipario che cala. Il leader scompare per lunghi periodi – qualcuno lo dà per morto, assassinato in chissà quale trama di potere – per poi riapparire puntualmente in tv. Passano tre anni prima che varchi di nuovo i confini nazionali. E non per un viaggio qualsiasi: lo ritroviamo nel settembre del 2023 al fianco di Vladimir Putin, nella regione russa di Amur, al confine sudorientale, entrambi intenti a scrutare il cielo dal centro spaziale di Vostochny. Il feeling, i sorrisi e le strette di mano di Kim questa volta sono per lo zar russo. C'entra poco la simpatia personale e molto invece quello che è successo in questi anni di sostanziale oblio, da parte dell'Occidente, del problema coreano. Mentre si dissolveva la prospettiva di una soluzione diplomatica e riprendeva a pieno regime il programma nucleare di Pyongyang, gli sconvolgimenti del contesto internazionale hanno aperto una finestra per il dittatore, deciso a cercare a Mosca, e non più solo a Pechino, il riconoscimento e la copertura politica di cui ha bisogno per perseguire il suo interesse primario: mantenersi al potere. La guerra in Ucraina è per Kim un'occasione d'oro. Oltre alle minacce, i test missilistici e le provocazioni nel Pacifico, può finalmente offrire qualcosa che in una Russia stremata dallo sforzo bellico inizia a mancare: le armi. Alcune obsolete, ma compatibili con gli armamenti russi di derivazione sovietica. Altre di ultima generazione, di cui finalmente il regime nordcoreano può testare per procura l'affidabilità sul campo di battaglia. In cambio, ottiene la legittimazione del governo russo, oltreché il sostegno al programma nucleare e spaziale. E ciò che più conta: l'accesso alla tecnologia militare russa. Così come l'avvio di nuovi flussi commerciali per vendere a Pyongyang generi alimentari e vestiti, preziosi per un Paese che vive da decenni isolato dal mondo.

È un patto che per altri versi ritroviamo tra l'Iran e la Russia, con gli ayatollah ben disposti a vendere i loro Shahed, i droni esplosivi che seminano terrore e morte tra i civili delle città ucraine. Come ricompensa ottengono la copertura politica della Russia al Consiglio di sicurezza dell'Onu per le manovre dei pasdaran in Medio Oriente. Assieme alla connivenza di Mosca, nel reciproco interesse a sottrarsi alle sanzioni occidentali.

Ritorna la tentazione dei guastafeste: contare, sfruttare a proprio vantaggio il caos. Si salda su questo interesse l'asse Mosca-Teheran-Pyongyang, mentre la guerra infuria in Europa orientale e in Medio Oriente. Dal triangolo dei *rogue States*, gli «Stati canaglia», la Cina si tiene a distanza di sicurezza. Il suo è un atteggiamento di neutralità attiva, di una superpotenza che vuole mettere in difficoltà l'Occidente, ma che non ha alcun interesse a lasciar andare fuori controllo la situazione. In realtà l'attendismo cinese nasconde una crescente diffidenza della leadership di Pechino nei confronti del riottoso vicino nordcoreano e un raffreddamento dei rapporti. Il legame con Pyongyang resta forte, se non altro per gli scambi commerciali ai quali i nordcoreani non possono in nessun modo rinunciare. Ma i segnali di gelo non mancano. Non solo la Cina mal sopporta l'asse militare saldatosi tra la Russia e la Corea del Nord, ma tollera sempre meno le incursioni missilistiche di Kim nell'Indo-Pacifico, spesso a ridosso delle acque dove sono presenti avamposti militari cinesi e attraverso le quali transitano centinaia di navi commerciali del Dragone. La diffidenza è ricambiata. Nel luglio del 2023, Pyongyang ospita le celebrazioni per il settantesimo anniversario dell'armistizio nella guerra di Corea. Sfilano le delegazioni cinese e russa. Alla prima, la tv di Stato concede solo qualche minuto, alla seconda una lunga e appassionata diretta, mentre gli operatori riprendono Kim e il ministro della Difesa russo Sergei Shoigu che ammirano gli ultimi ordigni bellici del regime. Anche questi sono indizi.

I timori cinesi verso Kim non sono infondati. Anzi, sono condivisi da buona parte delle agenzie di intelligence e degli analisti occidentali. Si fa addirittura strada una tesi: e se stessimo sottovalutando il pericolo? Se Kim fosse davvero disposto a entrare in guerra, senza preavviso? Per qualcuno sono solo facili allarmismi, ma a studiare le ultime mosse del dittatore c'è di che preoccuparsi. Sfumata per ora la normalizzazione dei rapporti con l'America, a

Washington ha perso credibilità una tesi che a lungo ha guidato i rapporti con il regime: ottenere la denuclearizzazione di Pyongyang attraverso l'isolamento internazionale, oltre che con la deterrenza militare americana. Sta piuttosto accadendo il contrario: l'arsenale nordcoreano continua a espandersi. Oggi, secondo gli esperti, conta tra le cinquanta e le sessanta testate nucleari da montare su missili balistici. Quanto basta per colpire l'intero territorio della Corea del Sud e del Giappone e, potenzialmente, le basi americane sull'isola di Guam, nel Pacifico. A questo si aggiunge la retorica sempre più incendiaria di Kim, l'invito ritornante ai vertici militari di avviare «i preparativi per la guerra», abbandonando il mito della riunificazione.

Le ipotesi che si fanno sono molteplici. «Crediamo che Kim Jong-un, come suo nonno nel 1950, abbia preso la decisione strategica di entrare in guerra» hanno scritto, nel gennaio del 2024, Robert Carlin e Siegfried Hecker, tra i maggiori esperti di Corea del Nord, il primo ex del Dipartimento di Stato americano e il secondo scienziato nucleare già a capo dei laboratori di Los Alamos. Altri ritengono che voglia conquistarsi con la minaccia i riconoscimenti falliti con la diplomazia. Altri ancora che l'esibizionismo nucleare serva a indebolire strutturalmente il Sud fino all'implosione. Comunque sia, la sua propensione al rischio, sostenuta da un arsenale reso più credibile dall'appoggio russo, sembra manifestamente crescente. Ce n'è abbastanza per prendere sul serio il problema coreano e il guastafeste Kim. Anche in Europa, da dove Pyongyang sembra lontanissima.

6

Alla ricerca dell'Europa

È comodo attutire il frastuono dei conflitti, allontanarne le implicazioni, quando si rischia di pagare un prezzo elevato per affrontarli, che sia in termini finanziari o di consenso. Si ha così spesso l'impressione che l'Europa non ci sia, almeno non come soggetto autonomo, diverso dalla sommatoria dei suoi Stati membri. Un interesse europeo stenta a definirsi. E quelli nazionali non sempre coincidono. Intendiamoci: è difficile pretendere molto di più da un gruppo di nazioni che hanno dato vita a una straordinaria entità sovranazionale, salvo interromperne l'evoluzione sul più bello, limitandola a una confederazione, ben lontana dall'ambizione federale dei padri fondatori. Che piaccia o no, in un simile assetto, l'Unione europea alcune competenze semplicemente non le possiede. E per avanzare è costretta spesso a vere e proprie acrobazie istituzionali. Cammina sulle gambe degli Stati, ostaggio delle loro decisioni all'unanimità. A volte ce ne accorgiamo, sulla nostra pelle, nella gestione dei flussi migratori. La domanda, casomai, è se questo stato di cose sia sufficiente per affrontare un mondo fatto di alleanze sempre più vulnerabili agli umori degli elettorati, di potenze disinvolte, di giochi a tutto campo, di minacce ogni momento più sofisticate, di transizioni costosissime. In ultima analisi, di capacità di assumersi responsabilità autonome.

Un brusco risveglio

Ai più, questo interrogativo suonerà retorico. Nell'Ue a 27 del dopo-Brexit, invece – malgrado la fine dell'anomalia britannica, troppo spesso usata a pretesto per rallentare l'integrazione –, lo stare al mondo si traduce ancora prevalentemente nella difesa coriacea e a tratti un po' dogmatica dei singoli interessi nazionali. Ora che il disimpegno americano e le sfide di Russia e Cina imporrebbero all'Europa di proiettare potenza e di assumere un ruolo come blocco, di rafforzare l'autonomia strategica in settori chiave come la difesa, l'innovazione e il digitale, l'energia, succede l'opposto. Sono piuttosto gli Stati membri, alcuni più di altri, a servirsi dell'Unione per aumentare il loro peso nazionale e la loro proiezione esterna, in sostanza a sovrapporre il proprio interesse nazionale all'interesse europeo. Il risultato è lo stallo. Il rischio concreto, spesso confermato dai fatti, è l'irrilevanza dell'Europa nel suo complesso sullo scenario globale.

Questa visione riduttiva, molto identitaria ed eccessivamente pragmatica finisce per muovere tutti i grandi Paesi europei. A partire da Francia e Germania: la prima mai paga di iniziative assertive in politica estera che lasciano spesso al palo l'Europa; la seconda pronta a usare i suoi ampi margini di bilancio per sostenere oltremisura il proprio sistema economico, con buona pace della concorrenza. Insieme, danno priorità a intese bilaterali non sempre rispettose del metodo comunitario, che mettono gli altri Stati di fronte al fatto compiuto. È successo di nuovo a fine 2023, davanti alla sfida epocale di rinnovare il Patto di stabilità e scrivere di comune accordo le regole del gioco per il prossimo decennio.

È un metodo che persiste, nonostante tutto, favorito anche dalla bolla nella quale per molto tempo si è cullata l'Europa. Quel triplice sogno dell'era merkeliana, già più volte ricordato e ormai tramontato, di garantire la resilienza del continente, delegando la sicurezza agli americani, le forniture energetiche ai russi, i mercati ai cinesi. Ci sono voluti due traumi profondi per far scoppiare la bolla, per realizzare che l'Europa non è esente dalle turbolenze del caos mondiale. Uno dei traumi ha portato a una reazione positiva. L'altro, ancora non del tutto.

Il primo, la pandemia da Covid-19, ha trovato, paradossalmente, proprio grazie alla leadership di Angela Merkel un esito insperato. Beninteso, la strategia degli acquisti in comune dei vaccini e soprattutto la svolta del piano Next Generation Eu – il via libera della Germania alla messa in comune del debito per arginare i danni della pandemia, accantonando pro tempore l'era del rigorismo fiscale – non sono state frutto della liberalità della cancelliera, ma della constatazione che i primi a non farcela, senza mettere da parte gli egoismi, sarebbero stati proprio i tedeschi. Si aggiungeva il timore che un complesso disordinato di misure nazionali avrebbe finito per compromettere l'integrità del mercato unico europeo, del quale la Germania è massimamente beneficiaria. A scanso di equivoci, nell'approvare il piano, si mette bene in chiaro che si tratta di un *one-off*, di un'eccezione. Ma l'effetto è comunque positivo. Le opinioni pubbliche riprendono fiducia in un'Europa che sentono più efficace e vicina. Un'Unione che punta sulla solidarietà e le aperture per continuare a crescere, malgrado la pandemia. Un contrasto lampante, alla lunga, con l'autocrazia cinese, i lockdown, le catene di approvvigionamento sempre più corte: sono le avvisaglie che la ricerca dei mercati di sbocco «a prescindere» trova ormai un limite nella sicurezza. Niente più deleghe illimitate alla Cina.

Poi, il secondo trauma. Una guerra guerreggiata nel cuore dell'Europa, che muta tutte le regole di ingaggio. Impone un cambio radicale negli approvvigionamenti energetici: niente più deleghe neppure alla Russia. E fa avvertire qualche ondeggiamento nei rapporti transatlantici: che possa essere messa in dubbio perfino la delega securitaria agli Stati Uniti? Provoca effetti misti, dunque. Investe la dimensione energetica e quella della sicurezza. Sul piano energetico, costringe a ripensare la vecchia strategia targata Merkel: gas a prezzi convenienti e garantiti da parte di un solo fornitore, la Russia. Ci si rende conto, fin dai primi mesi della guerra, che bisogna voltare pagina e farlo in fretta. In effetti, così accade. Il Consiglio europeo approva acquisti in comune di gas, in modo da fare leva sul peso dell'Unione per facilitare i negoziati con partner affidabili, a prezzi più favorevoli: un altro, non scontato, scatto di reni europeo. Gli Stati membri si guardano intorno per diversificare. Lo fa l'Italia, con rapidità e successo forse maggiori di altri. La mappa delle dipendenze cambia colore, con una brusca rivoluzione che funziona. Ma nel medio periodo si porta dietro tre problemi costosissimi. Il primo: conciliare gli ambiziosi obiettivi del Green Deal europeo – il taglio a zero delle emissioni di CO_2 entro il 2050 – con i nuovi contratti di fornitura di gas firmati in fretta per sottrarsi ai gasdotti russi. Il secondo: i combustibili fossili – che l'Europa si troverà costretta a bruciare ancora per un futuro più lungo del previsto – provengono quasi tutti da Paesi lontani, per comune sentire politico e valoriale, dall'Unione europea, per nulla immuni da turbolenze politiche, disordini, conflitti, dall'Africa settentrionale al Medio Oriente, di nuovo incendiato dalla guerra. Meglio tenere la guardia alta e non ritardare troppo la transizione.

Il terzo problema: il pericolo di passare da una trappola a un'altra, perché la transizione energetica si può, appunto, rallentare, ma non rinviare all'infinito. E oggi l'offerente imbattibile delle tecnologie green – le auto elettriche, come i componenti per produrre le batterie – è la Cina. I numeri non mentono. Pechino fornisce il 60 per cento delle turbine eoliche, l'85 per cento circa dei pannelli solari e il 90 per cento delle terre rare necessari all'Ue per proseguire nelle traiettorie prefissate. Rischiamo una nuova, pericolosa ipoteca sul futuro. Come se ne esce? Con investimenti massicci, pubblici e privati, in sinergia tra di loro, tesi a rafforzare la resilienza e, nella misura del possibile, l'autonomia europee. Difficile, data l'entità straordinaria delle somme in gioco, aggirare il tema del finanziamento comune, di un nuovo schema – ancora *one-off*, se serve a tranquillizzare – di indebitamento comune. Finanziamenti comuni per progetti comuni, finalizzati a una transizione rispettosa delle specificità nazionali e al riparo da eccessi di dipendenza. Non ci siamo ancora.

Sul piano della difesa e della sicurezza, al di là del proliferare dei discorsi di rito, in concreto i progressi sono pochi. Il trauma della guerra in Ucraina ha certo posto il tema sul tavolo e ha reso palese l'urgenza, ma non è riuscito, almeno finora, a far superare all'Europa egoismi e remore nazionali. Sarà perché si tratta di una dimensione indissolubilmente legata alla sovranità statale – come del resto accade anche per l'intelligence – che non ammette deleghe a favore di uno Stato europeo federale che non esiste. Sarà perché nella percezione delle opinioni pubbliche dare priorità ai cannoni, rispetto al burro, non è mai popolare; perché, in confronto al *primum vivere* della pandemia, la difesa europea non viene avvertita come un bisogno esistenziale; oppure perché finora, a parte qualche limitata capacità di intervento in vicine situazioni di crisi, una vera necessità di difesa territoriale dell'Unione non si era posta. Sta di fatto che i nodi restano sul tavolo. Gli obiettivi di politica estera ai quali una difesa europea debba essere funzionale. La sua maggiore o minore autonomia dall'Alleanza atlantica e dunque dagli Stati Uniti. La necessità di rafforzare in questo settore la base produttiva e industriale, di razionalizzare il sistema delle commesse per evitare frammentazioni, duplicazioni e dipendenze. A ben vedere, il cuore stesso del possibile sviluppo dell'integrazione europea.

Il rebus della sicurezza e l'allargamento

Tutti questi aspetti sottintendono, d'altra parte, problemi complessi. Anzitutto, l'Unione europea riflette ancora, almeno in parte, le motivazioni originarie della sua creazione: più con finalità economiche e per approfondire la collaborazione e la pacifica convivenza tra i Paesi europei, che per influire e proiettare potenza nel mondo circostante, fosse pure ai suoi confini. Non ce n'era bisogno in un contesto bipolare e ordinato. Fare politica estera è stata una necessità sopravvenuta, oggi sempre più pressante, alla quale in fondo si fa fronte come si può, evitando di abdicare troppo alle prerogative e alle competenze nazionali. La mancanza di una chiara definizione di un interesse europeo rende complicato formulare una politica estera comune, e senza questa la difesa e la sicurezza sono prive di bussola. Lo dimostra, per esempio, l'assenza di un seggio europeo permanente al Consiglio di sicurezza delle Nazioni Unite, gelosamente custodito dalla Francia, a titolo nazionale.

Anche il rapporto con Washington si è evoluto. Ne è rimasto fermo il carattere indispensabile. Inutile farsi illusioni: l'Europa, per il futuro prevedibile, non può fare a meno dell'ombrello militare e securitario americano, come rappresentato dall'Alleanza atlantica. E neppure del suo deterrente nucleare. Nello stesso tempo, le regole d'ingaggio sono mutate. Non è più pensabile, come dicevamo, appaltare agli Stati Uniti la nostra sicurezza, senza contribuire in modo sostanziale a finanziarne i costi, chiunque sia il presidente americano. Neanche pagare, oggi come oggi, basta più: bisogna dimostrare di saper fare la propria parte nel proprio estero vicino. Non possiamo comportarci come se la guerra in Ucraina non fosse essenzialmente europea, per le conseguenze dirette che comporta sugli assetti di sicurezza del continente. È un parametro da tenere ben presente nel dibattito sull'«autonomia strategica» europea: nelle condizioni date, sarebbe irrealistico confondere l'autonomia con l'indipendenza. Oggi come oggi, la via praticabile sta, piuttosto, nel rafforzamento della difesa europea nel suo duplice significato: di requisito idoneo a proiettare stabilità e ragionevole deterrenza ai nostri confini e di componente intesa a rafforzare il rapporto transatlantico. Un'Europa credibile e capace di assumersi responsabilità, per un Occidente più forte, e dunque senza alcuna contraddizione o soluzione di continuità tra lo sviluppo delle capacità europee e il cosiddetto «pilastro europeo» della Nato. Non sempre il sentire degli Stati è univoco a tale proposito. S'invoca l'autonomia, ma poi non si trova una soluzione idonea a promuoverla efficacemente, come avverrebbe, per esempio, attraverso l'estensione esplicita all'Unione della garanzia rappresentata dal deterrente nucleare francese.

Il tema del rafforzamento della base industriale e tecnologica europea nel settore della difesa – sostenuto dal Fondo europeo per la difesa, che mira a stimolare la collaborazione tra imprese europee – è venuto alla ribalta prepotentemente con la guerra in Ucraina, che ha svuotato gli arsenali europei per sostenere quelli di Kiev. S'incrocia con la parallela esigenza di potenziare le capacità nazionali; ove possibile, evitando le sovrapposizioni e razionalizzando le commesse, per indirizzarle verso obiettivi condivisi. Riguardano il potenziamento dell'industria europea le proposte che la Commissione Ue ha presentato ai primi di marzo del 2024: aumentare gli investimenti, ridurre la frammentazione, dare più coerenza agli acquisti congiunti, diminuire le dipendenze, reperire risorse europee, istituire un Commissario responsabile per la difesa, ipotizzare un ambizioso fondo europeo ad hoc. Un po' come per i vaccini e per il gas, insomma. Nelle parole della presidente Ursula von der Leyen, è una priorità assoluta, più ancora della transizione energetica, visto l'incombere delle minacce. Siamo naturalmente lontani da un improbabile esercito europeo. Più vicini a un sistema maggiormente coordinato. La prudenza, tuttavia, si impone.

Resta forte la criticità del reperimento delle risorse, ingentissime, che sono necessarie. Una volta di più, in assenza di forme europee di finanziamento almeno di ciò che produciamo e acquisiamo in comune – sulle quali manca l'accordo tra gli Stati, per non parlare di nuovo debito comune –, ogni discorso rischia di rimanere velleitario. Ci sono poi almeno altre due difficoltà di fondo: gli Stati membri sono disponibili a sacrificare pezzi delle loro industrie militari – con le relative conseguenze socio-occupazionali – in nome di un'industria europea più sinergica ed efficiente? E poi, è davvero sempre e per tutti compatibile il «comprare europeo» (di fatto, quasi sempre «francese») con i tanti, tradizionali acquisti di materiali americani, nel quadro di rapporti da tempo consolidati? Sono domande tuttora senza risposte univoche, neppure di fronte alla guerra in Europa. Eppure, l'urgenza del momento suggerirebbe di muoversi in fretta. Nell'incertezza dei futuri atteggiamenti americani, l'Europa ha un'occasione per dimostrare di saper mettere in piedi una deterrenza sufficiente a scoraggiare nuove aggressioni nel suo vicinato. L'industria europea di per sé è attrezzata alla sfida. I campioni industriali del continente sanno fin troppo bene in quali settori si può e in quali non si può competere. E se il mercato europeo paga il prezzo di un'eccessiva frammentazione, non mancano già oggi le collaborazioni, sia pure a geometria variabile. Dai carri armati ai due grandi progetti per sviluppare jet da combattimento di ultimissima generazione: da un lato il Fcas franco-tedesco-spagnolo, dall'altro il Tempest a cui lavorano Italia, Giappone e Regno Unito. Senza un sostanziale lasciapassare politico degli americani, però, potrebbero restare esperimenti isolati. E qui le diffidenze in tema di «autonomia» lungo l'asse transatlantico sono dietro l'angolo. Divennero più evidenti specie durante la prima presidenza Trump. Autonomia? Uno slogan indigesto per il mondo dell'«America First». La parola chiave non può essere che complementarità.

D'altra parte l'architettura di sicurezza occidentale si è andata articolando. La Nato, per cominciare. Solo pochi anni fa Macron ne decretava la «morte cerebrale». Passi la provocazione: dobbiamo ringraziare Putin per averlo smentito. Se con l'invasione dell'Ucraina pensava di far arretrare la deterrenza atlantica, il piano si è rivelato un boomerang. Con la Svezia e la Finlandia nell'Alleanza, lo zar si è ritrovato il «nemico» sull'uscio di casa, con il quale condividere altri 1300 chilometri di frontiera. La Nato è più viva che mai. E anche nuove geometrie di sicurezza hanno preso forma in risposta alla guerra russa. La prima: un asse sempre più saldo fra i Paesi del G7, scesi in campo per dare garanzie di sicurezza all'Ucraina aggredita, attraverso una serie di accordi bilaterali di garanzia. La seconda: un «arco» di sicurezza di Paesi *like-minded* che parte dagli Stati Uniti, passa dal Regno Unito, attraversa la Scandinavia e le Repubbliche baltiche, per chiudersi in Europa orientale. Svezia e Lituania, Estonia e Polonia. Paesi alleati, uniti dalla comune convinzione di mantenere alta la deterrenza antirussa nella regione. Anche qualora Trump, una volta eletto, decidesse di abbandonare l'Ucraina al suo destino, non è detto che tutti reagirebbero allo stesso modo. La percezione della minaccia non necessariamente coincide.

Ecco allora un altro rischio palesarsi in tutta la sua gravità. Una nuova crisi esterna, un altro brusco risveglio potrebbero aprire una faglia dentro all'Europa. Spingere le nazioni ad andare in ordine sparso, con l'incognita di un'America che – a prescindere da chi sieda nello Studio Ovale – si sia stancata del ruolo di poliziotto del mondo. Come evitarlo? È del tutto evidente che, se vuole svolgere un ruolo, l'Europa deve riformarsi in profondità e aumentare la propria capacità di reazione. Evidente, ma non praticabile, almeno a breve, perché qualunque disegno riformatore dei Trattati richiede l'unanimità degli Stati membri. Il voto all'unanimità è una zavorra che l'Europa non può più permettersi, pena la perdita di qualsiasi credibilità. Migranti, aiuti all'Ucraina, rifinanziamento del bilancio: quante volte negli ultimi anni è bastato un solo pollice verso, dell'Ungheria di Viktor Orbán o perfino della piccola Malta, per mettere nel congelatore qualsiasi decisione? Rinviare, procrastinare, in definitiva, non decidere affatto. Per quanto limitativo sia lo status quo, l'Europa resta ostaggio del suo «comma 22»: una riforma del sistema non è in vista, per colpa di quegli stessi veti che la ingolfano quotidianamente.

Serve allora trovare un'altra strada. Anzitutto, far maturare, a livello nazionale degli Stati membri, un consenso quanto più ampio possibile su un quadro di riforme essenziali, che mostrino nei fatti la loro necessità; in sostanza, una bussola sulla direzione da intraprendere, senza che i governi nazionali rischino, nel promuoverle, di perdere troppi consensi nei loro elettorati. Poi, sfruttare a fondo ogni via e ogni mezzo offerti dai Trattati vigenti, stressando al massimo le procedure. Infine, non esitare a procedere, quando indispensabile, fuori dai Trattati, attraverso intese intergovernative che consentano a coalizioni maggioritarie di Stati di ovviare al veto dei singoli.

Tutto questo processo, che spetterebbe alle nazioni più grandi stimolare e rendere coerente, finirebbe per costituire un insieme di norme, prassi, situazioni ampiamente condivise, sulle quali impiantare poi una riforma più complessiva. Ci vorrà tempo, è vero, ma realisticamente non sembrano esservi molti percorsi alternativi. Le nazioni candidate si avvicinerebbero alla membership piena, assumendosi via via obblighi e fruendo dei benefici in modo progressivo. Un misto di metodo comunitario e intergovernativo, un'Europa a differenti velocità nei fatti, ma con una direzione chiara, rispettosa delle peculiarità e dei diversi tempi nazionali. Senza che il dissenso di uno blocchi il progresso degli altri. Ma senza che il progresso di tutti annichilisca i singoli interessi nazionali.

Si diceva dei Paesi candidati. È un equilibrio delicato quello dell'allargamento dell'Unione. Da un lato, c'è l'esigenza di mettere ordine dentro casa, prima di ammettere nuovi membri. Dall'altro, è vivo l'interesse a non indugiare, a tutela della nostra stessa sicurezza. Procedere per via pragmatica può dare una mano: associare via via le nazioni, come dicevamo, a un novero sempre più ampio di politiche e attività fino a una membership piena. Dovrebbe valere per la Turchia, il cui processo di adesione è congelato da tempo, ormai da entrambe le parti, per ragioni politiche allo stato insuperabili. Vale per la Moldavia e la Georgia, bersaglio costante della destabilizzazione di Mosca. Per l'Ucraina, del cui necessario cammino verso le istituzioni euro-atlantiche si è già detto.

Con particolare urgenza, vale per i Balcani occidentali. Non si tratta solo di ragioni storiche, culturali, di opportunità economiche e commerciali. Diceva Winston Churchill che «i Balcani producono più storia di quanta ne possano digerire». È vero anche oggi e alla base ci sono rivalità e nazionalismi etnici mai sopiti, architetture istituzionali fragili, il retaggio di violenze terribili nella disgregazione cruenta dell'ex Jugoslavia negli anni Novanta e nella guerra per l'indipendenza del Kosovo. E i temi dei conflitti armati a base etnica, della sicurezza e delle politiche di potenza rischiano di riproporsi all'improvviso, drammaticamente, se l'Europa non riesce a ricomprendere i Balcani occidentali nel suo processo di integrazione. Si pensi alla precarietà degli assetti in Bosnia ed Erzegovina o alla tensione tra Serbia e Kosovo: l'effetto domino è dietro l'angolo.

Sono almeno tre gli elementi di rischio della non azione: lasciare campo libero all'influenza della Russia, già molto attiva nella regione; consentire la radicalizzazione di zone a maggioranza musulmana attraversate dalla rotta anatolico-balcanica dell'immigrazione; demotivare soprattutto i più giovani, nei quali il nazionalismo potrebbe riprendere il sopravvento su una evanescente prospettiva europea.

Ce n'è abbastanza per accelerare. Anche per l'Italia, così vicina sul piano della geopolitica e della tradizione.

Il paradosso italiano

E l'Italia? In Europa rappresenta spesso un paradosso, un'eccezione da superare. È difficile trovare un altro Paese che dipenda così tanto dall'Unione. Fin troppi gli esempi. Gli acquisti di titoli da parte della Bce aiutano il nostro debito pubblico a essere sostenibile. Il finanziamento europeo attraverso il sistema Next Generation Eu rende praticabili molte riforme strutturali altrimenti impensabili. Eppure, il nostro Paese si comporta come se potesse fare a meno dell'Europa. Governi di diverso colore, negli anni, hanno spesso preferito inseguire l'opinione pubblica sulla via di misure settoriali e a pioggia, rinviando quelle più sistematiche e strutturali. Nessuna meraviglia se poi, quando ci aspettiamo sostegno, non sempre troviamo animi ben disposti.

Attenzione: non siamo gli unici. È una tendenza comune ad altri governi ai tavoli di Bruxelles. Da un lato, invale il timore di dare l'impressione di essersi fatti imporre prescrizioni troppo inflittive; dall'altro, emerge la tendenza a trovare nell'Unione un comodo capro espiatorio quando quelle prescrizioni dovranno essere attuate. Noi, forse, ne facciamo un costume più assiduo di altri. L'anomalia è dovuta a diversi fattori. C'entra la stazza di un Paese che è al contempo il più piccolo dei grandi e il più grande dei medi. E questo basta a rendere intrinsecamente contraddittorie alcune nostre posizioni. Ci ritroviamo spesso nel mezzo: favorevoli alla decisione presa, ma non del tutto contrari a quella che è stata appena bocciata. La conseguenza naturale è giocare a tutto campo. Puntare sulla «coalizione», scegliendo i compagni di strada, e sul «ricatto», giocando al meglio le nostre carte con l'obiettivo di essere parte della soluzione o, almeno, del problema; di evitare di restare inerti e irrilevanti sul tavolo operatorio, mentre altri non vedono l'ora di affondare il bisturi.

L'occasione per contare è offerta dal progressivo indebolimento di quell'asse franco-tedesco – tuttora necessario, ma non più sufficiente – che cerca di definire la tabella di marcia europea. Se un tempo Parigi e Berlino si chiudevano in una stanza e decidevano, oggi è tutto molto più demoltiplicato. Occorre trovare una sintesi con le «coalizioni» e i «ricatti» degli altri Stati membri. È un gioco al quale abbiamo tutti i titoli per partecipare. Per dimensione geopolitica ed economica, anzi, se evitiamo posizioni troppo eterodosse e minoritarie, spesso possiamo fare da collante con altri. Senza contare che, alle brutte, non sarebbe prudente far correre all'Unione il rischio di farci implodere. Una carta anche questa, sia pure da usare con cautela.

Allarghiamo il grandangolo. Anche sul più ampio scacchiere internazionale, corriamo il rischio dell'irrilevanza e della scarsa percezione del nostro ruolo. Seguendo una tentazione ricorrente: schierarci a metà, pensarci terza forza fra Occidente e Oriente, Nord e Sud del mondo. È un dato culturale, prima ancora che politico. Peccato che in un contesto disordinato come quello attuale non possiamo più permettercelo. Dobbiamo avere ben chiara la nostra appartenenza. Apparteniamo all'Occidente. E questa membership non è gratis: significa scelte, impegni, responsabilità, costi. Vuol dire essere disposti a non inseguire il consenso, come unica stella polare, a costo di pagare un prezzo di fronte all'opinione pubblica. Saper, quindi, fare uso – al pari dei nostri partner e in sinergia con loro – di tutti gli strumenti che definiscono la nostra sovranità: diplomatici, militari, d'intelligence. Vuol dire fare la nostra parte per rafforzarci, contribuendo alla strutturazione di un'Europa senza anelli deboli, a sua volta necessaria per puntellare il rapporto transatlantico e per cercare di rapportarsi agli Usa in condizioni di reciprocità.

Vuol dire immaginare una riforma del sistema istituzionale che, senza venir meno alla rappresentatività, permetta di prendere decisioni con la rapidità che l'incalzare delle crisi internazionali impone. Vuol dire, infine, riuscire a dare continuità alla nostra politica estera quali che siano le maggioranze di governo che si avvicendano. Da queste scelte dipendono la nostra credibilità, la nostra sicurezza, la difesa del nostro interesse nazionale.

Conclusioni
E se vince Trump?

Avevamo pensato di ritenerci vincolati dall'attualità, in questo libro, solo fino a un certo punto, per cercare di fornire spunti di riflessione di carattere più generale. Non potevamo non fare un'eccezione.

Ci eravamo abituati a delegare all'America il ruolo di potenza regolatrice del mondo. Fa strano scoprire di doverla annoverare – profondamente divisa al suo interno – tra i fattori destabilizzanti. Per questo le elezioni presidenziali del novembre 2024, la cui campagna elettorale è in pieno svolgimento mentre andiamo in stampa, si caricano di importanti significati, anche sistemici.

Davvero dipende tutto da un uomo solo? O è piuttosto l'America stessa a non avere più i mezzi e la volontà politica di essere il garante della sicurezza, il regolatore dell'economia, il parametro dei diritti del mondo? Fra tante, si fa largo l'immagine di una superpotenza disfunzionale, che oggi rischia di terremotare un assetto da essa stessa edificato. Se ne avvertono le tracce in un'elezione presidenziale che tradisce la debolezza di un sistema politico iper-polarizzato, incapace di rinnovare offerta e classe dirigente. Un sistema che proietta un'immagine ripiegata su se stessa, con forti tendenze isolazioniste e protezioniste, a prescindere da chi vincerà. Certo, con Joe Biden, con una presidenza democratica, i toni potranno essere più morbidi e cooperativi. La sostanza, meno. La domanda a questo punto non è più eludibile: e se vincesse Donald Trump?

Intanto, un mondo incerto si farebbe ancora più incerto. Niente status quo. Su quattro fronti, soprattutto, le tendenze in atto potrebbero subire un'accelerazione. Il primo: quello dell'economia. Meglio prepararsi a un mondo più stretto, all'accorciamento delle *supply chains* per ragioni di sicurezza, ma anche di protezione delle industrie americane. Niente rendite di posizione: tutto è rinegoziabile.

Il secondo: l'antagonismo fra America e Cina. Aumenterà. È un trend che prescinde, come sappiamo, dal colore politico dell'amministrazione, uno dei pochi punti che uniscono democratici e repubblicani. A meno che la Cina, in difficoltà economiche e demografiche, momentaneamente ripieghi e Trump sia tentato di chiamare il suo bluff.

Il terzo: i rapporti con l'Europa. Niente sconti, molta transazionalità, poca considerazione dell'Unione europea, più enfasi sui rapporti bilaterali. E con gli Stati europei chiamati non solo a contribuire finanziariamente, ma anche ad assumersi responsabilità dirette, almeno ai loro confini, a cominciare dall'Ucraina. Il rischio di una corsa scomposta a chi prima e meglio si posiziona con Washington: le fughe in avanti di Emmanuel Macron sui *boots on the ground* in Ucraina ne sono un'avvisaglia (l'intuizione sull'ambiguità delle intenzioni europee è peraltro corretta, anche se irrealistica, visti i rapporti di forza). Insieme, l'occasione per reimpostare i rapporti, usando lo stesso metodo: tagliare i ponti con la Cina? Rinunciare alle tecnologie verdi? Bene, cosa ci offre in cambio l'America? Il progresso non si ferma per decreto. Chissà se ne saremo capaci. Per essere all'altezza, in ogni caso, non possiamo restare deboli.

Il quarto: le guerre in Ucraina e in Medio Oriente. Le carte in tavola possono cambiare. Forse più a Kiev che a Gaza. Con il tycoon di nuovo nello

Studio Ovale, salirà la pressione sugli ucraini per arrivare a una forma di accomodamento. Una tregua congelata, un qualche tavolo negoziale, molto più difficilmente un accordo di pace. Verrebbe usato lo strumento dell'interruzione degli aiuti e delle forniture di armi (che peraltro si ridurrebbero molto anche con Biden). Magari sarebbe l'ora di uno scambio, nello stile di Trump: tu smetti di combattere, mi sollevi dall'onere di sostenerti materialmente e io ti garantisco da lontano, sul piano politico, spingendo gli europei a farsene carico. Per l'Unione (e per la Nato), una pressione che potrebbe essere molto divisiva, e comporterebbe, comunque, rischi non trascurabili. Anzitutto, un'Ucraina non più pienamente sovrana, spartita: quattro quinti a Kiev, un quinto a Mosca. Un esito che non riconosceremmo mai formalmente, ma che di fatto rafforzerebbe Putin sul piano interno e potrebbe spingerlo a nuove provocazioni. In Transnistria, per esempio, rispondendo agli «appelli» dei filorussi contro presunte pressioni moldave. O addirittura mettendo alla prova la capacità di reazione della Nato, di fronte a interferenze in Stati membri con rilevanti popolazioni russofone, come l'Estonia. Alcune intelligence stimano in tre-cinque anni il lasso di tempo entro il quale Putin potrebbe minacciare direttamente un Paese membro della Nato. Senza contare che anche Xi Jinping osserverebbe con interesse queste dinamiche, nella chiave dei rapporti con Taiwan. Difficile per Trump non tenerne conto.

In Medio Oriente, non si può dare necessariamente per scontato l'appoggio pieno a Netanyahu. Anzi, Trump è stato il grande tessitore degli Accordi di Abramo, la via per una normalizzazione dei rapporti tra Israele e Paesi arabi moderati in funzione anti-iraniana. La guerra a Gaza e la morte di migliaia di civili palestinesi sembrano oggi un ostacolo insormontabile a questo piano. Ma c'è da attendersi che Trump spinga per una sua ripresa. Potrà aumentare nel contempo la pressione sull'Iran, scommettendo che un conflitto globale non sia nell'interesse degli ayatollah. Un rischio non da poco: basta un incidente, una mossa di troppo dei tanti *proxy* iraniani in Medio Oriente, che non sempre rispondono alle direttive di Teheran. Ma se il *gambit* riuscisse, un calo della tensione regionale potrebbe avvicinarsi.

Insomma, ci aspetterebbe un continuo, spregiudicato gioco a tutto campo. In parte l'abbiamo già vissuto, ma gli anni sono passati senza che l'Europa si sia strutturata per tornare a farvi fronte. Saremmo costretti a fare i conti con una sfida esistenziale proveniente dal nostro maggiore alleato: evitare di ritrovarci da soli al freddo, mentre diluvia, con un'America sempre meno disposta ad aprire l'ombrello. L'errore sarebbe quello di reagire in ordine sparso. La frammentazione dell'Europa aprirebbe varchi agli autocrati e li convincerebbe di essere dalla parte vincente. Ne verrebbe una vulnerabilità, un danno grave alla nostra sicurezza, che dovremmo invece difendere, rafforzando la nostra capacità di deterrenza. Difficile, se non impossibile, riuscirci senza l'Alleanza atlantica. Non resta che mostrare di saper stare al gioco delle transazioni: fare appieno la nostra parte e chiedere, uniti, che Trump faccia la sua.

Dopotutto, anche per Washington, senza alleati, la politica del *my country first* ha le gambe corte. Specie con avversari come Putin e Xi. La realtà, prima o poi, bussa alla porta. Il tempo lo dirà.

Difficile, a questo punto, chiudere un libro come questo. Calare repentinamente il sipario su fenomeni che incalzano nei loro sviluppi. O congelare un mappamondo, che cambia colori e contorni di continuo. Proviamo piuttosto a tirare le fila. Ci eravamo proposti di offrire al lettore un metodo, una chiave di lettura funzionale a interpretare gli eventi. Quali indicazioni possiamo trarre dal caleidoscopio di conflitti e minacce descritti fin qui?

Anzitutto, quella di guardare prioritariamente agli interessi in gioco. I governi compiono scelte complesse, che incorporano una pluralità di elementi e di valutazioni. Sarebbe fuorviante leggerle privilegiando un punto di vista piuttosto che un altro. Vanno viste nel complesso dei fattori che le determinano. Come «atti di sintesi», tesi a perseguire obiettivi politicamente definiti: gli interessi nazionali. Che bilanciano gli aspetti più vari, a cominciare dalla sicurezza, dalla difesa dalle minacce, dalla possibilità di cogliere le opportunità, in definitiva dalla finalità di mantenersi al potere. I governi sanno di rispondere dei loro «atti di sintesi», in un modo o nell'altro, alle collettività che amministrano. E si trovano in una situazione paradossale; difficile più che mai fare sintesi, se – come avviene oggi – la loro sovranità viene di continuo erosa da soggetti pronti a sottrarre fette di potere: dalle Big Tech, dal denaro digitale, dalle grandi organizzazioni non governative, da tanti attori ostili non statali, hacker o jihadisti che siano.

Poi, il suggerimento di prendere atto che il sistema delle relazioni internazionali assomiglia a una sorta di campo di gioco, dove gli interessi nazionali si confrontano senza sosta, tra convergenze e contrapposizioni. Ne deriva che nessuno può farli valere in modo assoluto, ma deve contemperarli con quelli di alleati e competitor. A questo servono anche le grandi organizzazioni internazionali, che spesso non possono provvedervi con efficacia, composte come sono da Stati sovrani, nessuno dei quali in grado di dettare da solo l'agenda mondiale. A volte bisogna attrezzarsi per fare da sé, con tutti gli strumenti a disposizione, o in coalizione con altri alleati. Sapendo che il via libera multilaterale potrebbe tardare, mentre sono in gioco interessi nazionali e di sicurezza urgenti e cruciali.

Poi ancora, occorre rendersi consapevoli che talune minacce – il confronto tra Washington e Pechino, il conflitto con la Russia potenza nucleare, il cambiamento climatico non gestito, il progresso tecnologico senza limiti – hanno una valenza potenzialmente esistenziale. Possono scalare rapidamente verso esiti estremi e globali. Non sono risolvibili. Sono tuttavia mitigabili e possono essere diluite nel tempo nelle loro conseguenze più devastanti. Per rendere possibile questa mitigazione, occorre individuare e sfruttare le cointeressenze. Così come sviluppare, quando necessario, un'adeguata deterrenza contro i guastafeste, impegnati a esasperare minacciosamente ogni crisi.

Infine, lo stare al mondo comporta averne una visione consapevole. Non ristretta a un singolo ambito geografico, ma ampia e interconnessa, all'interno della quale va collocato il perseguimento degli interessi settoriali propri di tutti i Paesi che non possono definirsi superpotenze. Come solo Stati Uniti e Cina, portatori di interessi globali, possono dirsi.

Ne emerge un mondo che può non piacerci. Ma che va visto com'è. Con un ordine superato, senza che sia ancora chiaro quello successivo. Con questo ci troviamo a fare i conti.

Nota dell'autore

Questo libro nasce da una sollecitazione ed è frutto di un dialogo.

La sollecitazione mi è venuta dall'amico Massimo Franco: è stato un gesto affettuoso, del quale lo ringrazio assai. Riconoscerà in queste pagine molto di quanto ci siamo andati dicendo in questi anni.

Il dialogo e la maieutica li debbo alla pazienza e all'entusiasmo di Francesco Bechis: gliene sono grato di cuore, perché sono stati determinanti.

Una precisazione è dovuta. Per quanto ci siamo sforzati di utilizzare gli avvenimenti solo come spunto per trarne conclusioni di carattere più generale e per offrire una chiave di lettura complessiva, non abbiamo potuto prescindere dall'attualità. Questa si evolve a ritmi rapidissimi: bene quindi prendere nota che abbiamo mandato il volume in stampa ai primi di aprile del 2024.

Lo dedico ai miei figli e, attraverso di loro, a tutti i giovani (e meno giovani) che cercano, come me, di capire un po' di più del mondo e delle sue complessità.

G.M.

Indice

Finito di stampare nel mese di aprile 2024
per conto di RCS MediaGroup S.p.A.,
da Rotolito S.p.A., Via Sondrio, 3, Pioltello (Milano)
Printed in Italy